डब्बेवाले

मूल्यों पर आधारित स्थायी सफलता पाने के सबक

लेखक
श्रीनिवास पंडित
लीडरशिप काउंसिलर

डायमंड बुक्स

ISBN : 81-288-1570-9

प्रकाशक : **डायमंड पॉकेट बुक्स (प्रा.) लि.**
X-30, ओखला इंडस्ट्रियल एरिया, फेज-2,
नई दिल्ली-110020
फोन : 011-41611861
फैक्स : 011-41611866
E-mail : sales@dpb.in
Website : www.dbp.in

वर्ष : 2026

टाइप सैटिंग : आर. एस. प्रिंट्स, नई दिल्ली-49

अनुवादिका : रचना भोला 'यामिनी'

Dabbewale
By : Shrinivas Pandit

संयुक्त पंडित परिवार के प्रिय सदस्यों
अंजलि, श्रीकांत-अरुंधति, नितिन-मंजूषा,
वृंदा-मोहन, अभिजीत-जूही, राहुल-अर्चना,
गजानन-कीर्ति के नाम

मुंबई के डब्बेवालों के सशक्त व्यावसायिक मूल्यों पर पुस्तक लिखने के अजीबोगरीब विचार पर शरारती तटस्थता दिखाने के लिए-

भूमिका

एक स्थायी व्यावसायिक सफलता की कहानी

मैं आपको एक व्यावसायिक सफलता की कहानी की तलाश के बारे में बताने को उत्सुक हूँ। क्योंकि मैंने इस दीर्घकालीन सफलता के बीच के गहरे मूल्यों की जानकारी को जाना है। यहां मैं वही कीमती जानकारी आपके सम्मुख प्रस्तुत कर रहा हूँ जिसे पढ़कर आप इस व्यवसाय की सफलता का आनंद ले सकेंगे।

जो संगठन दिमाग चकरा देने वाले बदलाव के पहलुओं का सामना कर रहा हो, उसके कार्यकर्त्ताओं के रचनात्मक प्रयास ही सफलता की कहानी के सच्चे पात्र बनते हैं।

हम सभी जानते हैं कि बदलाव की सबसे बड़ी वज़ह अशांति है। हम स्वयं में ही इसकी झलक पाते हैं। यह हमें अपनी समय सीमा में कार्य समाप्त करने व क्षमता बढ़ाने को विवश करता है। दुर्भाग्यवश ऐसी तेज गतिविधियाँ हमारे जीवन पर बुरा प्रभाव डालती हैं। जिसके परिणामस्वरूप दिन-रात काम करने का यह मानसिक तनाव चैन से जीने ही नहीं देता।

बदलाव की यह प्रक्रिया विस्मयकारी है। हमारी सीमाएँ हमें ताकती है। मेरे विचार में, हमारी बदलाव पर काबू पाने की क्षमता सीमित है। एक आम आदमी के नजरिए से सवाल पैदा होता है-हममें से सफल लोग, किस प्रकार, इस बदलाव की प्रक्रिया में भी, स्थिर व संतुलित रहते हुए, परिवार के लिए जीविका कमा पाते हैं?

इससे मुझे लाओत्से की प्रसिद्ध उक्ति याद आती है-"निरंतरता की पहचान से ही निष्पक्ष नजरिया पैदा होता है।" इसका अर्थ है कि हमें बदलाव की इस उलझी हुई पहेली में निरंतर 'स्थिरता' को पहचानना चाहिए। 'स्थिरता' व 'अस्थिरता' में भेद करने के लिए हमें उन व्यवसायों व उनसे जुड़े लोगों का, जिन्होंने वर्ष प्रतिवर्ष-स्थायी सफलता अर्जित की है, का अध्ययन करना आवश्यक है।

मैंने 'थौट लीडरस' व 'एगज़ैमप्लरी सीओज़' के लिए समकालीन व्यावसायिक नेताओं का और अपने मूल्यों के प्रति वचनबद्धता का अध्ययन किया है। अपने मूल्यों के प्रति वचनबद्धता ही उनके व्यवसाय का स्थिर तत्त्व था। उन्होंने अपने मूल्यों में स्थिर रहते हुए, अपने हुनर के अभ्यास द्वारा कीर्तिमान स्थापित किए। वे दूसरों को दोषी ठहराने के खेल का हिस्सा नहीं बने।

ठीक इसी तरह खिलाड़ी, संत, कलाकार, संगीतकार, लेखक, मीडिया एंकर, धावक, कार्टूनिस्ट व कॉमेडियन आदि अपने-अपने चुने गए क्षेत्रों में कड़ी मेहनत से घंटों अभ्यास करते हैं ताकि संपूर्ण योग्यता का प्रदर्शन सफलतापूर्वक कर सकें। किसी भी

तरह की उपलब्धियों से जुड़े व्यक्ति अपने क्षेत्र में विशेष नए कीर्तिमान स्थापित करने की चाह में अपने हुनर व मानसिकता की धार को पैना करते रहते हैं।

जब मैं सेमीनार व कांफ्रेंसों में वर्गीज़ कुरीयन, सचिन तेंदुल्कर, नारायण मूर्ति, किरन मजूमदार-शॉ, अमृता पटेल, अनु आगा, रघुनाथ माशेलकर व डॉ. अब्दुल कलाम जैसे व्यक्तित्वों की कहानियाँ सुनाता हूँ तो जबरदस्त प्रतिक्रिया सामने आती है। लोग मुझे बताते हैं कि इन प्रेरक कहानियों के बल पर उनके जीवन में कैसे-कैसे बदलाव आए। वे ऐसे रोल-मॉडलों व उनकी सफलता की कहानियों को बड़ी ललक से पढ़ते हैं।

यह 115 साल पुराने व्यवसाय की कहानी है, जिसे 5000 कम पढ़े-लिखे लोग मिलकर चलाते हैं। यहाँ मेरे सहित चार पात्रों के संवादों द्वारा कहानी प्रस्तुत की गई है।

रघुनाथ मेगड़े (रघु) (48), व गंगाराम तालेकर (गंगा) (55), मुंबई के टिफिन बॉक्स कोरियर यानि डिब्बेवाले हैं। रघु कला स्नातक है जबकि गंगा आठवीं पास है। वे गाँव के सीधे-साधे कृषि समुदाय में पले-बढ़े उन्होंने स्थानीय मराठी भाषा में अपनी पढ़ाई की।

हालांकि वे 'मराठी युक्त अंग्रेजी' में अपने भाव आसानी से प्रकट कर देते हैं। वे बड़े जोश से अपनी कहानियाँ सुनाते हैं। फिर भी वे गप्पी नहीं हैं। जैसा कि रघु ने मुझे बताया-"अंग्रेजी भाषी लोगों से मिलने के कारण हमारी बातचीत की कला में निखार आया।" रघु का स्वभाव थोड़ा शुष्क है जबकि गंगा का स्वभाव मस्त है।

मैं डब्बेवालों के धीमी सांस्कृतिक पर्यावरण को अच्छी तरह जानता हूँ अत: यह निरीक्षण वास्तव में काफी अद्‌भुत रहा कि वे किस तरह घनी आबादी वाले मुंबई की सड़कों के व्यस्त घंटों में डिब्बे ले जाते हैं।

महानगरी मुंबई के रंग-बिरंगी पोशाकों में सजे स्त्री-पुरुष व बच्चों के बीच इनकी धुंधली सफेद कमीज, पजामा व स्काउट की तरह पहनी गई टोपी, बिल्कुल विपरीत दिखाई देती है। आप डब्बेवालों को लगातार गाड़ियों, बसों, कारों, वैनों, ट्रकों, ऑटों, साईकिलों, ठेलों, पदयात्रियों व बर्फ लाने वाले ठेलों की मैराथन में सबसे आगे दौड़ता पाएँगे। जहाँ सारा दिन लापरवाही से सड़क क्रॉसिंग, ओवरटेकिंग, गति सीमा, भोंपू का स्वर इत्यादि कार्य ही होते रहते हैं।

यह भी एक पहेली है कि वे पिछले 115 वर्षों से किस तरह रोज-दर-रोज, सप्ताह-दर-सप्ताह, माह-दर-माह व साल-दर-साल, सारे मौसमों में अपने डब्बों को सही समय पर पहुँचाने के लिए, अपने ठेलों को सड़क पर भगाते आ रहे हैं।

अनीता दलाल (अनीता) (40), मुंबई की एक पत्रकार तथा जानी-मानी व्यावसायिक सलाहकार हैं। पेशे के तौर पर एक व्यवसाय गृह व बहुराष्ट्रीय परामर्श संगठन में काम करने के बाद अनीता, भारत के विभिन्न हिस्सों में चल रही सामाजिक इंजीनियरिंग के नए प्रयोगों में रुचि लेने लगी।

अनीता की शैक्षिक पृष्ठभूमि काफी अच्छी है। मुंबई विश्वविद्यालय से कॉमर्स में प्रथम श्रेणी लेने के बाद उसने यू. एस. की साइराकस यूनिवर्सिटी से पत्रकारिता की स्नातकोत्तर डिग्री ली।

अनीता के यू.एस. संपर्क से ही भारत के सेवा क्षेत्रों से जुड़े सामाजिक व नए व्यावसायिक अवसरों की तलाश का प्रस्ताव आया। अलग-अलग विचारों के नमूने छांटते समय, उसकी तलाश उसे गंगा व रघु तक ले गई।

अनीता (अ.), रघु (र.), गंगा (गं.) व स्वयं (श्री) की बातचीत आपको एक ऐसे साधारण व्यावसायिक नमूने के बारे में बताएगी, जो एशिया की 11 करोड़ की आबादी वाली विशालतम महानगरी में शून्य वास्तविकता के आधार पर काम करता है। संवाद भी बुद्धिमता व तर्क से भरपूर हैं।

इस गहरी खोजबीन के दौरान, अनीता बदलाव के इस प्रबंधन में एक नया नजरिया विकसित करती है। उसे एहसास होता कि तेजी से बढ़ती कीमतों के बीच सामाजिक रूप से महत्त्वपूर्ण व्यवसाय कैसे फलते-फूलते हैं।

आपको यह देखकर हैरानी होगी कि किस तरह एक समाज के मूल्यों में गुंथी रचनात्मकता, बुद्धिमता व मार्गदर्शन हमारे दैनिक जीवन के कार्यरूप में बदलते हैं।

रघु व गंगा ने अंग्रेजी व मराठी में जो कुछ भी कहा, मैंने उसका अंग्रेजी अनुवाद किया। यह कहानी पढ़कर आपको आश्चर्य होगा कि किस तरह डब्बेवाले, इस प्रतियोगी दुनिया में अपनी रोजी-रोटी कमा रहे हैं। उनके समूह ग्राहकों को सही समय पर, घर का बना भोजन पाने की संतुष्टि देता है।

पिछले एक दशक से वफादार व भरोसेमंद सेवा को दर्शकों ने भी जबरदस्त पहचान दी है। कई ऐसे मामले भी हैं, जहाँ पिछली तीन पीढ़ियाँ यही काम करती आ रही हैं। यह रिपीट

ऑर्डर बिजनेस है जो सही समय पर माल की डिलीवरी व उदाहरणीय सर्विस रिकॉर्ड पर आधारित है। डब्बेवालों के प्रदर्शन से पता चलता है कि उन्होंने अपने अशिक्षित माता-पिता, परिवारों, आध्यात्मिक परंपराओं व स्थानीय नैतिक मूल्यों से जीने की कला सीखी है।

इस कहानी से हमें सीख मिलती है कि हम सब इस रुपांतरण में अपने साथ ही दौड़ रहे हैं। शक्तिशाली प्राचीन मूल्य, ठोस आधुनिक व्यवसाय का पोषण कर सकते हैं। ऐसे उपक्रम, आम ग्राहकों व माल पहुँचाने वालों की जरूरतों व मांगों पर खरे उतरते हैं।

यह जीवंत संवाद परंपरा व आधुनिकता, मनुष्य व मशीन, पर्यावरण व तकनीक तथा उपयोग व उपभोक्तावाद के शाश्वत संघर्षों पर रोशनी डालते हैं। पाने व संतुष्ट होने की यह लड़ाई लगातार जारी है। डब्बेवालों ने अपने मूल्यों में ही छिपा जीवन अमृत पा लिया है। उपलब्ध्रि, महत्ता, धरोहर व प्रसन्नता का संगम ही उन्हें कामकाजी जीवन का संतुलन देता है।

आशा करता हूँ कि आपको इस पुस्तक को पढ़ने में आनंद आएगा। आप अपनी शारीरिक व मानसिक निपुणता को निखार कर, तकनीकी बदलावों का सामना कर पाएँगे। आपको याद रखना होगा कि आप बदलाव की गति के साथ दौड़ नहीं लगा रहे। अगर आप अपने मूल्यों के साथ, बदलते समय के साथ चलेंगे तो पूर्ण संतुष्टि पाएँगे।

– श्रीनिवास पंडित

आभार

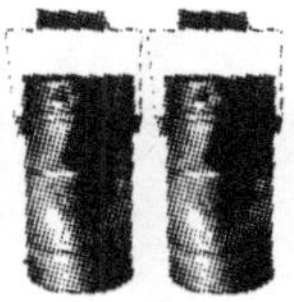

मैं धन्यवाद देता हूँ:

नूतन मुंबई टिफिन बॉक्स सप्लायर्स चैरिटी ट्रस्ट के अध्यक्ष रघुनाथ मेगड़े व जनरल सैक्रेटरी गंगाराम तलेकर को सामग्री जुटाने व अपने अनुभव, हमसे बाँटने के लिए, वही अनुभव इस पुस्तक की विषय सामग्री बनी। उनकी मुस्कराहटों ने मेरी कल्पनाशीलता को उभारा, जिससे मैं उनके गहरे मूल्यों से युक्त जीवन व कार्य की विनोदपूर्ण प्रकृति को प्रस्तुत करने में समर्थ हुआ हूँ।

जयंत खेर, शरु रांगनेकर व परिमल चौधरी को पुस्तक के ड्राफ्ट में अपनी अमूल्य सलाह देने के लिए। इससे मुझे आवश्यक बदलाव लाने में मदद मिली।

चांदनी पलशेतकर को पुस्तक की सॉफ्ट कॉपी के संपादन के लिए व उन सब मित्रों को, जिनके नाम अनजाने में मुझसे छूट गए हैं।

विषय

डब्बेवाले

अध्याय-1

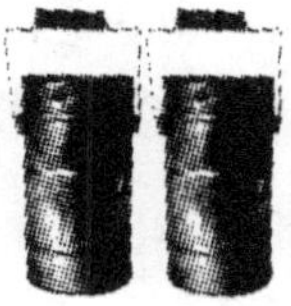

अनीता और मैं दक्षिणी मुंबई के ताजमहल होटल में मिले, जहाँ हम 'नेतृत्व विकास' के एक सेमीनार में हिस्सा लेने गए थे। हम दोनों के कुछ सांझे मित्र थे और उसने मेरी पुस्तकें थौट लीडरस, एगज़ैमप्लरी सीओज़ व डिजाइन योर कैरियर भी पढ़ी हुई थीं।

सेमीनार समाप्त होने पर हम समुद्री लाउंज की ओर चले गए जहाँ से भारत के आलीशान गेटवे ऑफ इंडिया का मनोरम दृश्य दिखाई दे रहा था। पर्यटकों को एलीफैंटा गुफाओं की ओर लें जातीं छोटी फैरियां (नौकाएँ), चित्रित आकाश की ओझल होती सूर्य-किरणों में अद्‌भुत दृश्य प्रस्तुत कर रही थीं।

अनीता ने काव्यात्मक शैली में इस वातावरण का वर्णन किया। उसके पास विद्वतापूर्ण नजरिया है, जो उसे उत्सुकतापूर्वक अच्छी बातें बाँटने की प्रेरणा देता है। इसी बातचीत के दौरान उसने रघु व गंगा से हुई भेंट के बारे में बताया।

अ. क्या आप इन *डब्बेवालों* व उनके अविश्वसनीय डिलीवरी रिकॉर्ड के बारे में जानते हैं?

श्री. हाँ, मैं जानता हूँ।

अ. यह अर्द्धशिक्षित 5000 *डब्बेवाले*, 60 कि.मी. के दायरे में, 2,00,000 लोगों को, केवल 3 घंटे के भीतर घर का पका भोजन पहुँचाते हैं। हर रोज 2,00,000 टिफिन ले जाने का मतलब है कि हर रोज 4,00,000 बार लेन-देन होता है। कार्यस्थल व आवासीय क्षेत्र किसी बिखरे हुए चित्र की तरह फैले हुए हैं। सचमुच यह एक अद्‌भुत कहानी है।

श्री. इसमें कोई शक नहीं है।

अ. 16 मिलियन लेन-देन में मूल दर 1% है। यह एक अविश्वसनीय समय प्रबंधन है। मुंबई तेजी से अपने पाँव फैला रही है। इस समय इनकी जनसंख्या 10.3 मिलियन के करीब है। फास्ट-फ़ूड, रेस्त्रां व पटरी पर खाने-पीने का सामान बेचने वाले खोमचे भी चारों ओर फैले हुए हैं। फिर भी नूतन मुंबई टिफिन बॉक्स सप्लायर्स एसोसिएशन धीरे-धीरे तरक्की कर रहा है।

श्री. तुम्हारे हिसाब से इसकी खास वजह क्या है?

अ. घर का बना भोजन पाने की इच्छा। अगर उचित कीमत पर घर से ऑफिस तक टिफिन पहुँच जाए। अब भी ज्यादातर लोग घर के बने भोजन को ही प्राथमिकता देते हैं। दूरी, वजन या स्थान जैसी बातों को ध्यान में न रखते हुए, एक डब्बावाला ग्राहक से प्रतिमाह 200 रुपए (या $ 4.6) लेता है। इसके बदले में वह अपने 25-30 ग्राहकों से प्रतिमाह 5000-6000 रु.

(तकरीबन $ 116-140) कमा लेता है। दूसरे देशों में लोगों के पास ऐसी सुविधा नहीं है। लेकिन आप किसी से भी पूछें, खासतौर पर कहीं के भी निम्न आय-वर्गीय लोग, घर का बना भोजन ही लेना पसंद करेंगे। यह इच्छा इतनी बुनियादी है कि इसमें बदलाव आ ही नहीं सकता। बाहरी भोजन की उपलब्धता व आकर्षण के बावजूद घर का पका भोजन सदैव सराहा जाता रहेगा।

श्री. तुम इस बारे में कैसे जानती हो?

अ. हाल ही में रघु और गंगा ने जैविक भोजन पर काम कर रहे टैरा मैड्रे फाउंडेशन द्वारा आयोजित ग्लोबल कांफ्रेंस में हिस्सा लिया, जो कि इटली के 'तुरीन' में हुई थी। 150 देशों के शोध वैज्ञानिकों व रसोइयों ने इसमें भाग लिया। प्रत्येक व्यक्ति यही जानने को उत्सुक था कि *डब्बेवाले* वर्षों से घर का पका भोजन इतनी कुशलता से समय पर कैसे पहुँचा रहे हैं। रघु व गंगा ने उन्हें इस बारे में बता कर चकित कर दिया।

श्री. और क्या?

अ. इतालवी सरकार को न केवल अपने पारंपरिक भोजन व कृषि पर गर्व है बल्कि वह ऐसे मुद्दों पर पूरा ध्यान भी देती है। उन्होंने तय किया है कि वे फसलें उगाने के लिए रसायनिक उर्वरकों व बीजों का इस्तेमाल नहीं करेंगे।

श्री. रघु व गंगा ने कांफ्रेंस में भाग लेने आए प्रतिनिधियों से क्या सीखा?

अ. भारतीयों की तरह इतालवी भी घर का पका भोजन पसंद करते हैं। उन्होंने महसूस किया कि अगर इटली गेहूँ, मक्का व

आलू के मूल स्वाद को बनाए रखने के लिए जैविक रूप से खेती करेगा तो हमारे भारत में भी इस क्षेत्र में काफी संभावनाएँ खोजी जा सकती हैं। गंगा ने बताया कि हम अपनी ही लापरवाही से चावल की कितनी किस्में गंवा चुके हैं। वह इस बारे में विचार कर रहा है कि कैसे लोगों का ध्यान इस ओर खींचा जाए ताकि वे इस कमी को सुधार सकें। उन दोनों ने व्यक्तिगत रूप से तय किया है कि वे रसायनिक खाद और विद्‌शी बीजों का इस्तेमाल नहीं करेंगे।

श्री. लगता है यह कांफ्रेंस दोनों देशों के लिए फायदेमंद रही। क्या भारतीय व इतालवी विचारधारा में भी कोई साम्य है?

अ. जी हाँ! रघु ने कहा कि घर के पके भोजन का मतलब यह नहीं कि आपने मांस व सब्जियों के कुछ टुकड़े चबाए व निगल लिए। इतालवी भी हमारी तरह यही मानकर चलते हैं कि घर के पके भोजन की विचारधारा से दिव्य संतुष्टि मिलती है।

श्री. कैसे?

अ. गंगा के अनुसार, भारतीय संस्कृति में महिलाएँ भोजन पकाने को एक पवित्र कार्य मानती हैं। भोजन करना एक ऐसा समारोह है, जिसमें शरीर और मन को संतुष्टि देने के साथ-साथ ईश्वर को भी स्मरण किया जाता है।

श्री. हाँ! यही दर्शन है:-

ईश्वर ने आपको जिस हाल में रखा है, उसी में संतुष्ट रहो!

दरअसल महाराष्ट्र में 'संतोष या संतुष्टि' का ऐसा प्रभाव कुछ अधिक ही रहा। जो मिल गया उसी में संतुष्ट रहने का

दर्शन; मनुष्य के विकास के लिए किए जाने वाले संघर्षों की महत्ता को फीका कर देता है। संतुष्टि की इस व्याख्या ने लोगों को अकर्मण्यता की संज्ञाहीन अवस्था में रखा।

जब हम विदा लेने लगे तो अनीता ने मुझसे विनती की कि मैं भी अगली सुबह, उसके साथ रघु व गंगा से मिलूँ। मैंने बड़ी खुशी से उसकी बात मान ली।

अ. हर भेंट के अंत में मैं अपने लैपटॉप पर चर्चा का सारांश या सूत्र वाक्य लिखूँगी। मैं आपको बताती हूँ कि आज मैं क्या लिखने जा रही हूँ:

"घर में प्यार से पके भोजन से
दिव्य संतुष्टि मिलती है।"

ग्रहण करें

वर्तमान अभ्यास

पिछले 25-30 वर्षों में, लोग दोपहर का भोजन, बाहर करने के आदी हो गए हैं, चाहे वह उनकी जरूरत हो, सुविधा हो या फैशन!

वर्तमान अवसर

सेहत के लिए बढ़ती सजगता व घर के पके भोजन की बुनियादी प्राथमिकता, नई व किफायती डिलीवरी सेवाएँ आरंभ करने का अच्छा अवसर है।

डब्बेवाले

अध्याय-2

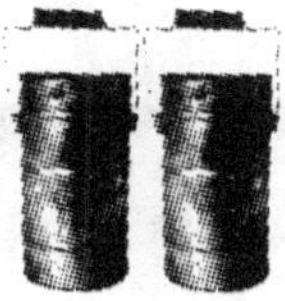

हम मुंबई के लोकप्रिय मध्यवर्गीय जिले दादर के एक कमरे वाले कार्यालय में रघु व गंगा से मिले। यह एक मुख्य रेलवे स्टेशन भी है।

औपचारिक अभिवादन के बाद, अनीता ने पिछली मुलाकात में छोड़ी गई बात को ही रघु ने शुरु किया।

र. हमारी गलती या भूल की दर, 16 मिलियन आदान-प्रदान में एक है। बिना किसी तकनीकी सहायता के, हमारी प्रदर्शन क्षमता 99.999999% है। हमारी टर्नओवर 50 करोड़ रुपए है। प्रत्येक *डब्बेवाला*, नूतन मुंबई टिफिन बॉक्स सप्लायर्स चैरिटी ट्रस्ट में अंशधारी है।

अ. कह सकते हैं कि आप सब स्वनियोजित हैं। आप सब एक ट्रस्ट के अधीन काम करते हैं, जो एक सामान्य उद्देश्य के लिए बनाया गया था; यहाँ न तो कर्मचारी-मालिक का संबंध है और न ही यह को-ऑपरेटिव सोसायटी है।

गं. बिल्कुल ठीक! हम सब एक टीम की तरह काम करते हैं। हम सब अच्छी तरह जानते हैं कि हम एक-दूसरे पर निर्भर हैं। जब तक टीम सही तरह से काम नहीं करेगी, हम अपनी रोजी-रोटी नहीं कमा पाएँगे। इसी वजह से हमारे यहाँ हड़तालें नहीं होतीं।

अ. आपके यहाँ अनुशासन के नियम क्या हैं?

र. काम के दौरान कोई शराब नहीं पिएगा। हर कर्मचारी काम के दौरान गांधी टोपी पहनेगा व अपने पास पहचान-पत्र रखेगा। समय की पाबंदी बहुत आवश्यक है। किसी भी डब्*बेवाले* को अपने साथी को धोखा देने या चतुराई दिखाने की इज़ाज़त नहीं है।

अ. आप डब्*बेवालों* के बीच छोटी-मोटी शिकायतों का निपटारा कैसे करते हैं?

गं. वर्ग या समूह का नेता *'मुकादम'*, इन परेशानियों को हल करता है। अगर *मुकादम* से कोई झगड़ा न सुलझे या सदस्यों व *मुकादम* के बीच कोई परेशानी खड़ी हो जाए तो एसोसिएशन के अध्यक्ष या उपाध्यक्ष ऐसे मामलों को देखते हैं।

अ. क्या आप बताएँगे कि आप एसोसिएशन कैसे चलाते हैं?

र. 13 सदस्यों की एक परिषद है। जिसमें अध्यक्ष, उपाध्यक्ष, जनरल सैक्रेटरी, खजांची व नौ डायरेक्टर शामिल होते हैं। (पुस्तक के अंत में अ. 1 सूची देखें) इससे नीचे, हमारे पास समूह नेता *(मुकादम)* होते हैं, जो सोसायटी के 5000 सदस्यों

का प्रबंधन करते हैं। हम को-ऑपरेटिव सोसायटी एक्ट के दिशा-निर्देशों का पालन करते हैं।

अ. जिम्मेवारियाँ कैसे बाँटी जाती हैं?

गं. मासिक भेंट, बैंक के खातों की जांच व सदस्यों की समस्याएँ सुलझाने की जिम्मेवारी अध्यक्ष अथवा उपाध्यक्ष की है।

जनरल सैक्रेटरी, ट्रस्ट के रोजमर्रा के मुद्दों की देखरेख करता है। एसोसिएशन से जुड़ा पत्र-व्यवहार, ट्रस्ट शुल्क (15 रुपए) एकत्र करना व दूसरे प्रशासकीय कार्यों की देख-रेख उसी की जिम्मेवारी है।

खजांची, ट्रस्ट के खातों की देखरेख करता है।

डायरेक्टर, फैसले लेने व ट्रस्ट के बाकी कामों को अच्छी तरह चलाने में अध्यक्ष की मदद करते हैं। अगर पूरी समिति से जुड़ा कोई विवाद होता है तो उसे परिषद देखती है।

अ. *मुकादम* क्या करता है?

गं. एक *मुकादम*, 25-30 *डब्बेवालों* का नेता होता है। प्रत्येक *मुकादम* को, मुख्य स्थान पर डब्बे छाँटने, भुगतान का रिकॉर्ड रखने, अनुपस्थित डब्बेवालों का विकल्प तलाशने, विवाद सुलझाने, नए ग्राहक खोजने व पुराने ग्राहकों को संतुष्ट रखने जैसी अनेक जिम्मेवारियाँ निभानी पड़ती हैं।

अ. इसका मतलब है कि व्यापार के विकास के अलावा ग्राहक-संतुष्टि की जिम्मेवारी भी उसी की है।

र. जी हाँ, हर *डब्बेवाला* एक उद्यमी होता है।

अ. कैसे?

गं. अब हमारे पास 120 समूह हैं। हर समूह बिल्कुल स्वतंत्र रूप से काम करता है। *मुकादम* व उसका पूरा समूह अपने खर्चों के हिसाब से चलते हैं तथा विकल्पों का इंतजाम भी करते हैं।

र. इसके पीछे तर्क यही है कि प्रतियोगिता में सुधार हो। यह समूह स्ट्रैटजिक व्यावसायिक इकाई (अनुकूल व्यावसायिक इकाई) है।

श्री. हमें भूलना नहीं चाहिए कि रघु एक कॉमर्स स्नातक है और प्रबंधन के सभी तत्त्व जानता है।

अनीता मुस्करा कर समर्थन देती है।

श्री. सबसे पहले रघु के पिता ने ही *डब्बेवालों* का समर्थन किया था लगता है, उसने कुछ बातें उन्हीं से सीखी हैं।

र. जी हाँ! मैंने पिता से काम करने का जुनून व माँ से धैर्य, आशावादिता व स्नेह की शिक्षा ली है। हमें याद है कि *संत* तुकाराम ने कहा है:

'ज्ञानदेव रचिले पाया, तुका झालासे कलस'

ज्ञानदेव ने नींव डाली, तुकाराम ने कलश चढ़ाया।

श्री. इसका मतलब है, हमारे पिताओं ने *संत* ज्ञानदेव के दर्शन पर आधारशिला रखी; हमने अपना संगठन बनाया, जो कि 'विकास शिखर' का सूचक है।

अ. सभी समूह मिलकर काम कैसे करते हैं?

र. वे नए ग्राहकों की तलाश के लिए एकजुट होते हैं। वे अपने-अपने क्षेत्र की भौगोलिक जानकारी के हिसाब से एक-दूसरे को ग्राहकों के बारे में बताते हैं। यह एक प्रतियोगी सांझेदारी है।

अ. सचमुच अद्‌भुत भी है। आपने इसे कैसे पाया?

र. सही समय पर माल पहुँचाने की जिम्मेवारी एक सामान्य विशेषता है हालांकि *डब्बेवालों* का कार्यप्रदर्शन पूरे समूह पर निर्भर करता है लेकिन थोड़ी निजी पहल की गुंजाइश भी रहती है। इसे ग्राहक के नजरिए से मापा जाता है कि डिब्बा समय से पहुँचा या नहीं! हर *डब्बेवाले* को अपने हुनर व कोशिशों से इस प्रक्रिया में तेजी व सुधार लाना पड़ता है ताकि सब कुछ सही समय पर हो सके। यदि क्रिकेट की तकनीकी शब्दावली में कहें तो यह होगा–"उपलब्धि पाने के लिए कठोर परिश्रम"।

श्री. यह माल पहुँचाने वाले समूह के प्रयासों के बीच अच्छा सहयोग है। कोई भी *डब्बावाला* अपनी श्रृंखला व समूह के सहयोग के बिना अपने लक्ष्य तक नहीं पहुँच सकता।

र. हमारे काम में अगर कोई *डब्बेवाला* गैरहाजिर हो तो दूसरा *डब्बेवाला* उसका विकल्प बन जाता है। यह सब कुछ एक क्रिकेट टीम की तरह है। खिलाड़ी ही पूरे क्षेत्र को बाँटते हैं। हालांकि सब कुछ क्षेत्रीय वर्गीकरण के हिसाब से नहीं, काम के हिसाब से होता है। कभी-कभी थोड़ी बहुत गड़बड़ होती है, जो कि कहीं भी, कभी भी हो सकती हैं।

अ. इस सबके लिए जिम्मेवारी लेने वाली व पूरी टीम के प्रदर्शन को बढ़िया रखने वाली सोच का होना जरूरी है।

गं. सबसे खास नियम तो यही है कि खाने का डब्बा सही समय पर पहुँच जाना चाहिए। प्रतिदिन यह दौड़ तीन घंटे में

पूरी करनी है, इसके लिए कोई बहाना नहीं चलता। यह एक पवित्र कर्त्तव्य बनता है कि कोई भी ग्राहक, घर के बने भोजन से वंचित न रह जाए। अगर ऐसा हो जाए तो हमें बड़ी निराशा होती है।

र. हमने अपने अंत:परस्पर सहयोग में सुधार किया है। हालांकि समस्याएँ तो आती ही हैं। इस पूरे उलझे हुए तंत्र में परेशानियाँ आना कोई नई बात नहीं है और हमें उन्हें सुलझाना ही पड़ता है। एक तरह से हमारे इन दलों में कोई नेता नहीं है। टीम वर्क व समूह भावना ही हमारी सफलता का मूलमंत्र है।

गं. एक कहावत है, जिसे शायद आप भी जानते होंगे:

हाताची पाच बोटे हजारों कामे करतात

कारण त्यांच्यात ऐक्य असते

र. हाथ की पाँच उंगलियाँ हजारों काम कर सकती हैं क्योंकि उनमें ऐक्य (एकता) होती हैं। हम अपने सदस्यों को हमेशा यही मिसाल देते हैं।

अ. 'नेतृत्वहीन दल' का क्या अर्थ है?

र. आमतौर पर, सबसे पहले निरीक्षकों, प्रबंधकों व दल-नेताओं की नियुक्ति की जाती है। फिर अपनी टीम चुनने की जिम्मेवारी उन्हें सौंपी जाती है। हम इस तरह से काम शुरु नहीं करते। व्यवसाय के साथ-साथ अपने-आप ही *'मुकादम'* का पद सामने आया।

अ. कैसे?

र. विकास के हिसाब से, कुछ लोग पहले से तैयार दलों में से सामने आए, उनमें से एक ने *मुकादम* का अतिरिक्त कार्यभार संभाला जब भी जरूरत पड़ी तो उन्होंने अपने आस-पड़ोस से लोगों की भर्तियाँ भी कीं। इस तरह हम कह सकते हैं कि हमारे दलों में नेता नहीं होते।

अ. अच्छा! आपने वर्षों से अपने प्रदर्शन को बनाए रखने के लिए कैसे कदम उठाए हैं?

र. हम साइकिलें इस्तेमाल करते हैं। हम अन्य वाहनों का खर्च नहीं उठा सकते क्योंकि इससे ग्राहकों के लिए कीमतें बढ़ जाएँगी। तेज गति वाले इंजनों व गाड़ियों की बढ़ती संख्या के कारण ही हम अपना काम बेहतर तरीके से करते आ रहे हैं। गाड़ियों की बढ़ती संख्या के हिसाब से ही हमने माल इकट्ठा करने के नए तरीके तलाश लिए हैं।

अ. मैं समझ गई।

र. हमें लगातार हर डब्बेवाले के काम की गति बढ़ानी पड़ती है। उसे सड़कों पर तेजी से पैदल चलना सीखना पड़ता है। मानवीय प्रयासों से सामने आई तकनीकी प्रगति से मुकाबला करने के सिवा हमारे पास कोई चारा नहीं होता।

अ. ऐसे हालात में भी आपके पास कुछ नया सोचने की आजादी होती है। इसके बदले में आपको क्या मिला?

गं. सब कुछ धन के तराजू पर नहीं तोल सकते। कड़ी शारीरिक मेहनत हमें थका देती है पर एक संतुष्टि भी होती है कि हमने ग्राहक को अतिरिक्त लागत के भार से बचा लिया।

हमें एक फायदा होता है कि हम गहरी नींद सोते हैं। काम करने के तरीके में जरा से बदलाव से कई गुना संतुष्टि मिलती है।

अ. कैसे?

र. ग्राहक न केवल संतुष्ट बल्कि प्रसन्न हैं। ग्राहक को उचित लागत पर अच्छी सेवा देना ही व्यावसायिक मूल्य है। हमारे कारण शहर में कोई प्रदूषण या परेशानी नहीं फैलती, इसलिए जनता खुश है। हम न तो दुर्घटनाओं का कारण बनते हैं और न ही मांगें पूरी करवाने के लिए धरने देते हैं। हमें संभालने के लिए किसी अतिरिक्त पुलिस बल की जरूरत नहीं पड़ती।

श्री. यह भी काफी अहमियत रखता है, राज्य तंत्र व जनता पर कोई अप्रत्यक्ष लागत भार नहीं पड़ता।

गंगा (शरारती नजरों से देखते हुए) हम एक उदार समाज में रहते हैं, हर किसी को उसका दुरुपयोग करने की पूरी छूट है, लेकिन हम ऐसा नहीं करते।

गं. *न्याय नीतीने मिलावा पैसा, काढ़ी रिकामे वसू नका*
बालपणी जे कष्ट सोसाले, जाणीव त्याची, विसरु नका II

श्री. इसका अर्थ है:

न्याय और अच्छे मार्ग से पैसा कमाना, बिना काम बैठना हराम है। बचपन में जो कष्ट उठाए, उसे मत भूलना!

यहाँ इसी बात पर बल दिया गया है कि आपको किस तरह धन कमाना है और यह नहीं भूलना कि आप किन परिस्थितियों से होकर आए हैं।

र.	जब हम अपनी बहुलवादी संतुष्टि देखते हैं तो कुदरतन हमें बड़ी खुशी मिलती है। हमने अपने हुनर व प्रबंधन तकनीकों को निखार कर अपने उद्यम का उद्देश्य प्राप्त किया। जिससे हमें बेहतर नतीजे व ग्राहक संतुष्टि प्राप्त हुई।

अ.	यह भी एक परमानंद है।

वह लैपटॉप में लिखती है:

आप स्वयं में थोड़ा बदलाव लाकर सच्ची प्रसन्नता पा सकते हैं।

ग्रहण करें

वर्तमान अभ्यास

हालांकि हम बदलाव की जरूरत के बारे में बात करते हैं, किंतु बहुत थोड़े अनुशासित आत्म-परिवर्तनशील कार्यक्रमों का हिस्सा बनते हैं। परिणामस्वरूप सभी सहकर्मी, ग्राहक, मित्र व परिवार के सदस्य परेशानी झेलते हैं। किसे पहले बदलना चाहिए कि दुरुह चक्र में फंसने के बाद चारों ओर अप्रसन्नता छा जाती है।

वर्तमान अवसर

अगर आप स्वयं में थोड़ा सा बदलाव लाकर, सबको अपना ग्राहक (सरकार सहित) मानें तो आप चारों ओर खुशियाँ बिखेर सकते हैं। अगर आप सार्वजनिक स्थानों को गंदा न करें व विद्रोह आंदोलनों, *बंद व रास्ता रोको* का हिस्सा न बनें तो आप एक स्वस्थ नागरिक के रूप में अपना योगदान दे पाएँगे। इसके बाद सरकार को भी ऐसी रुकावटों से निपटने के लिए पुलिस व राज्य तंत्र की नियुक्ति करनी चाहिए। डब्बेवालों ने दिखाया है कि किस तरह बदलाव को दिशा देकर, दूसरों की सेवा करते हुए प्रसन्नता पाई जा सकती है।

डब्बेवाले

अध्याय-3

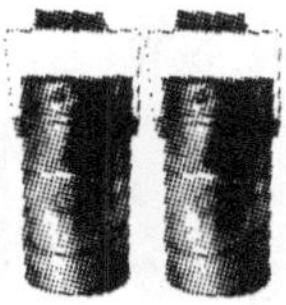

अगले दिन, चाय आने तक हम सामयिक घटनाओं पर चर्चा करते रहे। हमने देखा कि किस तरह रघु व गंगा ने पूरे शहर का समृद्ध व रंग-बिरंगा ताना-बाना बुन दिया था।

अ. सड़क के किनारे खड़े दुकानदार, हर तरह के खाने-पीने का सामान बेचते हैं। पूरे शहर में फास्ट-फूड व रेस्त्रां की भी कमी नहीं है। क्या उनके साथ आपकी प्रतियोगिता नहीं है? क्या उनसे आपको कोई परेशानी नहीं होती?

र. नहीं मैडम! हमारा दायरा बिल्कुल अलग है। हम उन्हें अपने प्रतियोगियों की तरह नहीं देखते क्योंकि वे तो भोजन पकाते हैं। हमारा काम भोजन पकाना नहीं, पहुँचाने का है। पूरे शहर में हमारे जैसे भोजन पहुंचाने वाली दूसरी सुविधा नहीं है; इस मामले में हमारा एकाधिकार है। हमने स्कूलों में भी भोजन पहुँचाने का काम शुरु कर दिया है।

श्री. *डब्बेवाले*, खाना बेचने वालों को अपना प्रतियोगी नहीं

मानते क्योंकि वे खाना पहुँचाने के व्यवसाय में पूरी तरह केंद्रित हैं। सृजनशील कलाकार व श्रेष्ठ नेता भी इसी तरह थोड़ा हटकर देखने की खूबी के लिए जाने जाते हैं।

ग. सुनो साब! घर में पके भोजन की कीमत करीब 8 रुपए पड़ती है जबकि किसी अच्छे रेस्त्रां में 18-20 रुपए तक देने पड़ते हैं। हमारे मामले में, 8 रुपए *डब्बेवाले* के पास जाते हैं और बाकी भोजन के लिए होता है। हमें किसी भी तरह प्रतियोगिता से कोई डर नहीं है।

अ. आप कम कीमत पर डिलीवरी (डब्बा पहुँचाना) की सुविधा देते हैं।

र. केवल यही एक कारण नहीं है। हम स्वयं को कर्मचारी नहीं, उद्यमी मानते हैं। सभी *डब्बेवाले* अंशधारक हैं। पुलिस या जनता के साथ कभी-कभार होने वाली झड़प के अलावा, हम कभी हड़ताल पर नहीं जाते। हमारा श्रेणीबद्ध संगठन नहीं है। हमारा काम पूरी तरह विकेंद्रित है। हर समूह अपने साधनों के हिसाब से काम बढ़ाने के लिए स्वतंत्र है।

अ. आय व भत्तों का क्या हिसाब-किताब होता है?

र. आमतौर पर हर कोई 5000-6000 के बीच कमाता है। हमारे काम का मुख्य आधार श्रम है। हमारे डिलीवरी तंत्र के हिसाब से, हर *डब्बेवाले* को एक सा समय व प्रयास नहीं लगाने पड़ते। कोई वित्तीय प्रेरक नहीं होता। हम लोगों को नहीं लूटते। हर *डब्बेवाले* की किस्मत सारे काम की सफलता से जुड़ी है।

अ. क्या आप थोड़ा और खुलासा करेंगे?

गं. हो सकता है कि एक वरिष्ठ *डब्बावाला*, केवल केंद्र पर डब्बों की छंटाई का काम करे लेकिन कनिष्ठ *डब्बेवालों* को डब्बे लाने ले जाने, ढोने व पहुँचाने जैसे सारे काम करने पड़ते हैं। यह एक स्तरीय प्रबंध है जिसमें सभी सदस्यों के बीच एक-समान संबंध बनाने में मदद मिलती है।

अ. ग्राहकों के प्रति कौन जिम्मेवार होता है?

र. हर *डब्बेवाला* 30-35 ग्राहकों का डब्बा पहुँचाने व रास्ते के नियंत्रण के लिए जिम्मेवार होता है। हमारे पास आप लोगों की तरह, जिम्मेवारी लेने वाले विभाग या केंद्र नहीं होते। जैसा कि मैंने पहले कहा, हमारा सूत्र वाक्य यही है कि हर ग्राहक के पास उसका भोजन पहुँचना चाहिए।

श्री. 'फेड-एक्स' पूरी दुनिया में माल डिलीवर करते हैं और यहां पूरी मुंबई में *डब्बेवाले* डब्बा डिलीवर करते हैं। वे वैश्विक स्तर पर हैं और ये स्थानीय स्तर पर, किंतु दोनों मामलों में ग्राहकों के प्रति वचनबद्धता ही व्यावसायिक सफलता का मूल है।

अ. हम सब एक ही भौगोलिक क्षेत्र से हैं तथा कुल-परंपरा से यह काम करते हैं व रहते हैं। यहाँ सेवा की संस्कृति का लोप नहीं हुआ है।

र. हम अपने काम से मतलब रखते हैं और किसी दूसरे के काम में दखलंदाजी नहीं करते। नए व आने वाले विक्रेताओं से हमें कोई डर नहीं है। हम इस भय से ऊपर हैं क्योंकि ईश्वर की

कृपा से हम एक ऐसे व्यवसाय में हैं, जहाँ हमारा कोई प्रतियोगी नहीं है। समय पर डब्बे की डिलीवरी, शिष्ट बर्ताव व ग्राहकों की खास जरूरतों की समझ ही हमारे दीर्घकालीन व्यवसाय का आधार है।

अ. आपको नए ग्राहक कैसे मिलते हैं?

गं. पुराने ग्राहकों की संभाल काफी मुश्किल होती है, हालांकि नए ग्राहक मिलने में देर नहीं लगती। पिछले दो दशकों से करीब 3000 ग्राहक हमारी सेवाएँ ले रहे हैं। हम पुराने स्थानों पर ही नए ग्राहक तलाश सकते हैं लेकिन पुराने ग्राहक, नए ग्राहकों को तेजी से सामने नहीं आने देते। इसके अलावा नई आवासीय कालोनियों व व्यावसायिक जिलों से नए ग्राहक मिलने में आसानी होती है।

र. एक छात्र ने मेरे लिए मराठी पद्य का अनुवाद किया है, जिसे मैं आपको सुनाना चाहूँगा-

यदि तुम आकाश में उड़ोगे, तारे तुम्हें मोहित कर देंगे
यदि तुम अनंत सागर की गहराई में जाओगे, तो मोती तुम्हें सम्मोहित करेंगे
इन दिवास्वप्नों में खोने से पहले तुम्हें भूलना नहीं चाहिए
तुम यह सब मानसिक रूप से इसलिए चित्रित कर पाए क्योंकि
तुम धरती माँ पर पाँव टिकाए खड़े हो

गं हम प्रतियोगिता से नहीं डरते क्योंकि हम धरती से जुड़े हैं।

र. आपको यह जानकर अच्छा लगेगा कि बँटे हुए आर्थिक लाभ पर ही ग्राहक की हमदर्दी मिलती है।

अनीता अपने लैपटॉप में लिखती है:

जब आप नए व्यक्तियों के आगमन पर
प्रतियोगिता के भय से ऊपर उठकर
आगे बढ़ते हैं तो ईश्वर में विश्वास रखते हुए
यही मानकर चलते हैं कि वही नए ग्राहक भी देगा।

ग्रहण करें

वर्तमान अभ्यास

कुछ व्यावसायिक नेता यह बुनियादी सवाल पूछते हैं-"हम किस तरह के व्यवसाय में हैं?" नतीजन वे व्यवसाय की ऐसी धारा से जुड़नें लगते हैं, जिसके लिए उनके पास न तो कोई भावनाएँ होती हैं और न ही विशेषता।

निजी, सार्वजनिक या को-ऑपरेटिव क्षेत्र के ज्यादातर संगठन मालिक-नौकर के संबंध के हिसाब से चलते हैं। कर्मचारियों का संगठन की उत्तरजीविता से कोई संबंध नहीं होता इसलिए वे उद्यमी निपुणता विकसित ही नहीं कर पाते।

वर्तमान अवसर

मजबूत आधार के लिए चतुर व्यावसायिक नेता, व्यवसाय की प्रकृति के बारे में बुनियादी धारणाएँ जांच लेते हैं। वे प्रश्न पूछते हैं-"क्या हम अपने क्षेत्र के आसपास हैं? या हम किसी ऐसे क्षेत्र में हैं जहाँ भविष्य के लिए कोई नजरिया, सोच, आंकड़े या प्रतियोगिता नहीं है? ऐसी सोच उनके व्यवसाय की सीमाएँ बांध देती है और वे प्रतियोगिता के भय से ऊपर उठ जाते हैं।

जब कोई भी संगठन इस नियम पर बनाया जाता है कि प्रत्येक एक अंशधारी है, तो दूसरे समूहों के सहयोग से व्यवसाय को विकसित करने का जुनून, वचनबद्धता व उत्तरदायित्व देखते ही बनते हैं।

डब्बेवाले

अध्याय-4

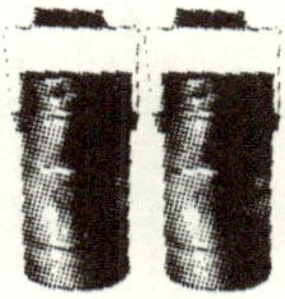

दादर कार्यालय में थोड़ी भीड़ है, इसलिए हम बाहर इंतजार करते हैं। कोई हमें देखकर, हमारे आने की खबर भीतर पहुँचा देता है। गंगा को हमारे आने का पता चलता है तो वह सबको बाहर भेजकर, हमारे लिए जगह बनाता है।

अ. हम तुम लोगों की बातचीत खत्म होने तक इंतजार कर सकते थे।

र. दरअसल, यह मुलाकात पहले से तय नहीं थी। वे छोटी-मोटी शिकायतें लेकर आए थे और यूँ ही खड़े थे। वे सब डब्बे लौटाने के बाद घर लौट रहे थे।

अ. उस दिन तुम कह रहे थे कि अगर नया व्यवसाय शुरु करना हो तो नए क्षेत्रों की ओर ध्यान लगाने की बजाए वहीं ध्यान देना सुरक्षित होता है, जहाँ पहले से पुराने ग्राहक मौजूद हों, ठीक है न!

र. हालांकि, आपको ऐसी बहुत सी चीजें मिल सकती हैं, जो

नाटकीय रूप से बदलती हैं, लेकिन मानव अवस्था के आवश्यक पहलू कितने समय से असाधारण तौर पर एक से ही रहे हैं।

गं. फिर भी, यह एक ऐसा क्षेत्र है, जहाँ हम काफी कुछ बेहतर कर सकते हैं। जैसा कि कुछ छात्रों ने बताया कि हम समस्या को सही तरीके से नहीं समझ पाए, खासतौर पर नई मुंबई में रेलवे-तंत्र के विस्तार के बाद।

र. हाँ, यह निरीक्षण बिल्कुल सही है। सर्वप्रथम, हमारी तलाश शुरु से ही उन क्षेत्रों तक रही है, जहाँ रेलवे का जाल फैला हुआ है और लोग घर का बना खाना पसंद करते हैं। यह हमारी दिशा को केवल जरा सा बदलने में मदद करता है। दूसरे, हम पहले स्कूली बच्चों के लिए काम नहीं कर रहे थे, लेकिन हमने अब इसे भी शुरु किया है क्योंकि पूरी मुंबई में खाने-पीने की वस्तुएँ आसानी से मिल रही हैं और माता-पिता नहीं चाहते कि उनके बच्चे सड़कों के किनारे खड़े ठेलों से खरीद कर खाएँ।

गं. हमने *खाने वालों* से भी डब्बे लाना शुरु कर दिया है। वे केवल दोपहर तथा रात का भोजन तैयार करते हैं।

र. कई मैसेस से भी खाना लाते हैं जो ग्राहकों को विशेष आहार, जैसे मधुमेह रोगियों के लिए कम कैलोरी वाला भोजन परोसते है।

अ. इसके अलावा कुछ और?

र. हम नए अवसरों की तलाश के लिए सही तरीके से सर्वेक्षण नहीं करते या उन गाँवों में मानव संसाधनों की पहल नहीं करते, जहाँ से हम आए हैं।

अ. वे कौन से गाँव हैं?

र. अकोला, राजगुरुनगर, अम्बेगाँव, जूंनार, मालशी व मालवा *प्रांत* के कुछ हिस्से, जो कि महाराष्ट्र में लोनावाला व पुणे के बीच पड़ते हैं। हमारे पूर्वज मराठा महाराज छत्रपति शिवाजी के आदेश पर, एक सांस में 500-600 फुट ऊँचे किले या पहाड़ी पर चढ़ जाते थे।

गं. हालांकि हमें अपनी इस विरासत पर गर्व है, लेकिन हमने अपनी तलवारें खो दी हैं और हम लोगों का भोजन पहुँचाने की अवस्था तक आ गए। हम एक और परेशानी का सामना कर रहे हैं, युवा पीढ़ी शिक्षा प्राप्त करके, कम शारीरिक श्रम वाली नौकरियाँ करना चाहती है।

अ. समाज को ऐसे वर्ग के लोगों को भी रोजगार के अवसर मुहैया कराने चाहिए।

र. हम भी तो यही करते हैं। हमारी जीवनशैली हमें सादगी से रहना व अपने कार्य से संतुष्ट रहना सिखाती है।

गं. हमें अपनी सीमाओं को जानते हुए एक खास जगह बनानी पड़ती है।

र. हड़तालों से हमने ग्राहकों से पैसे तो बढ़वा लिए होते लेकिन इस तरह सोने के अंडे देने वाली मुर्गी एक बार में ही मर गई होती। इस तरह एकदम 5000 लोगों की रोजी-रोटी छिन जांती।

अ. उन्हीं मिल मजदूरों की तरह, जो स्वयं मिल को बंद कराने के कगार पर ले आते हैं।

श्री. *डब्बेवालों* ने कुदरतन, मांग व पूर्ति के अर्थशास्त्र को समझ लिया है, वे जानते हैं कि ग्राहकों के पास अपनी जरूरतें पूरी करने के लिए कृत्रिम विकल्प मौजदू हैं और उनकी ताकत व हुनर की उपयोगिता सीमित है। मिल मजदूर व उनके नेता, इन बुनियादी बातों को नहीं समझते।

र. ज्यादातर लोगों को अपने व्यावसायिक जिले तक पहुँचने के लिए सुबह-सुबह गाड़ी पकड़नी पड़ती है। उनके लिए भीड़ से भरी गाड़ियों में टिफिन ले जाना आसान नहीं होता। हमने इसी मांग को पूरा करने के लिए अपने हुनर को निखारा है।

गं. हम यह काम सुबह की सीमित समयावधि में ही करते हैं।

अ. क्या यही मॉडल दूसरे शहरों पर भी लागू होता है?

र. जी हाँ! अहमदाबाद, दिल्ली, बंगलौर व हैदराबाद जैसे नगरों में भी यह काम किया जा सकता है क्योंकि वहाँ भी काफी अधिक जनसंख्या है। बस उन्हें इतना ध्यान रखना होगा कि उनके पास भी मुंबई जैसा विश्वसनीय परिवहन-तंत्र मौजूद हो।

अ. आपूर्ति श्रृंखला प्रबंधन के लिए परिवहन व्यवस्था बहुत मायने रखती है।

र. यह कौन सा नया प्रबंधन है?

अ. यह नया नहीं है। ग्राहकों की जरूरतों को यथासंभव कुशलतापूर्वक पूरा करने के लिए नियोजन करने, लागू करने व नियंत्रण पाने की प्रक्रिया ही सप्लाई चेन मैनेजमेंट (एस.सी.एम.) कहलाती है। प्रमाण व उपलब्धि परिवर्तन तथा संभार जैसी

सारी गतिविधियाँ इसी में शामिल हैं। यह सप्लाई चेन में उन गतिविधियों पर केंद्रित होती हैं, जो तैयार डब्बों के वितरण के लिए विभिन्न साधनों का प्रयोग करती हैं ताकि ग्राहकों तक सही समय पर डब्बे पहुँचाए जा सकें।

र. किंतु हमारा उत्पाद तो केवल 'डिलीवरी' है।

श्री. कुछ हद तक ठीक है। आप 'डिलीवरी सप्लाई चेन' में आप अलग-अलग ग्राहकों के घर से डब्बे इकट्ठे करके, उन्हें पैदल, साइकिल या ठेले द्वारा 'थाणे' जैसे रेलवे स्टेशनों के केंद्र तक पहुँचाते हो। वहाँ वे अपने ठिकानों के हिसाब से बाँटे जाते हैं, फिर गंतव्य पर पहुँचने के बाद कार्यालयों के हिसाब से वितरण होता है। फिर उन्हें कार्यालयों तक पहुँचा दिया जाता है। वापसी के लिए भी वही तरीका अपनाया जाता है। आखिर में आप खाली डब्बों को उनके ठिकानों तक पहुँचा देते हैं।

र. जी हाँ! हम अपने माल की आवाजाही का प्रबंध रेल-तंत्र से ही....

श्री. जिसका मतलब है कि आप प्रतिदिन विभिन्न स्थानों से एकत्र किए गए डब्बों को, तयशुदा स्थानों पर नियत समय से पहुँचाते हैं। 'समय पर माल की डिलीवरी व 16 करोड़ में 1% भूल दर' यही आपका उत्पाद है। आप बिना किसी टाइम क्लॉक या निरीक्षण के, एक श्रेष्ठ रिकॉर्ड बनाने में कामयाब हुए हैं। 'समय पर सेवाएँ देने के मामले में' यह एक अविश्वसनीय रिकॉर्ड है।

गं. हमारी जैविक वृद्धि ही टिके रहने की सबसे बड़ी वजह है। यह सब हमारी सांस्कृतिक पृष्ठभूमि के कारण ही संभव हो पाया।

अ. जो कोई भी इस नमूने के आधार पर काम करना चाहे, उसमें यह सभी खूबियाँ होना जरूरी है। सड़क से लाए गए कर्मचारियों की मदद से किसी उद्यमी को सफलता नहीं मिल सकती। यह कुछ उत्साही समाज सेवकों व बेरोजगार गरीबों के लिए कुछ करने के इच्छुक आदर्शवादियों के लिए भी नहीं है। इसके लिए एक प्रभावी रेलवे तंत्र व एक जैसे मूल्यों का पालन करने वाले वचनबद्ध समूह का होना आवश्यक है। मूल्य ज्यादा मायने रखते हैं, इस बारे में कोई भूल न हो।

श्री. कोरियर सेवाओं से कोई उदाहरण?

अ. पोस्ट ऑफिस (डाकखाना) व ब्लयू डार्ट दोनों ही कोरियर सेवाएँ हैं। ग्राहक पर पड़ने वाली कीमत का भार ही, उनका व *डब्बेवालों* का बुनियादी फर्क है। भारत में अभी भी डाक सेवाओं का निजीकरण नहीं हुआ है। सरकार व्यापारिक तरीकों से आय बढ़ाने के स्रोत खोज रही है। ब्लयू डार्ट उच्च तकनीकी क्षेत्र में है। इन दोनों उदाहरणों में मालिक–कर्मचारी का संबंध है जबकि *डब्बेवालों* के यहाँ सभी अंशधारी हैं।

श्री. बिल्कुल ठीक कहा।

अ. जब कभी आप बदलते हालात से घबराने लगते हैं तो आपकी सहज बुद्धि समझौते करना सिखा देती है।

श्री. इन बुनियादी नियमों में काफी हद तक एक दार्शनिक

नजरिया होता है, जो कठिनाइयों से निकलने के साथ विवेक बनाए रखना भी सिखाता है।

र. हमारे इस नमूने के हिसाब से चलने के लिए सबसे पहले एक अच्छे दर्शन पर आधारित सांस्कृतिक पृष्ठभूमि चाहिए। हम किस्मत वाले हैं कि हमें पालन-पोषण के साथ ही यह संस्कार मिले। दूसरे लोगों को इस मानसिकता को विकसित करने के लिए कड़ी मेहनत करनी होगी।

श्री. शायद यही आपके व्यवसाय का बीज मंत्र है।

र. वह हमारा पसीना है।

श्री. आपके तंत्र की सबसे बड़ी खूबसूरती यही है कि 5000 *डब्बेवालों* में से कोई एक ही, दो महीने में एक बार गलती करता है, यानि 16 करोड़ लेन-देन के बीच एक गलती। इसके लिए किन्हीं दस्तावेजों की जरूरत नहीं पड़ती। जिससे वह दुनिया की 'अनूठी सप्लाई चेन' बन जाती है। डब्बों की डिलीवरी में आपकी कार्यक्षमता इसलिए भी अद्‌भुत है क्योंकि आप केवल मानवीय क्षमताओं का प्रयोग करते हैं। गुणवत्ता व स्थिरता, दोनों साथ-साथ चलते हैं। आपके व्यवसाय की स्थिरता क्या है?

र. घर के पके भोजन की आवश्यकता।

अ. मैं समझ गई।

इस परिवर्तनशील युग में जो स्थायी है, उसी को तलाशे इससे अनेक व्यावसायिक अवसर सामने आएँगे।

ग्रहण करें

वर्तमान अभ्यास

अनेक व्यावसायिक नेता आपूर्ति-मांग बाजार के अर्थशास्त्र का अध्ययन नहीं करते। जब बाजार में भारी बदलाव आता है, तो वे घबरा जाते हैं। वे बदलते हालात का पूर्वानुमान लगाने व ऐसी परिस्थितियों में स्थायित्व की खोज कर पाने में असफल रहते हैं।

बहुत कम संगठन आपूर्ति श्रृंखला प्रबंधन का अध्ययन करते हैं। इस अध्ययन से पता चलता है कि इस अंत:परस्पर संसार में कच्चे माल से लेकर तैयार माल तक कितने बदलाव आ सकते हैं। यह समय पर माल पहुँचाने में आने वाले अंतराल की पहचान भी कर सकता है।

वर्तमान अवसर

दूरदर्शी नेता बाजार के चलन पर लगातार नजर रख रहे हैं ताकि वे व्यवसाय पर अपनी पकड़ बनाए रख सकें। वे इसी बात पर केंद्रित हैं कि बदलाव के इस युग में स्थायित्व की तलाश की जाए। वे लगातार नए प्रयोगों से अपने दायरों को मजबूत बना रहे हैं।

ऐसे संगठन जो सप्लाई चेन मैनेजमेंट (आपूर्ति श्रृंखला प्रबंधन) पर पूरा ध्यान देते हैं, वे माल की डिलीवरी की कीमत घटाने के साथ-साथ गुणवत्ता में भी सुधार लाते हैं।

डब्बेवाले

अध्याय-5

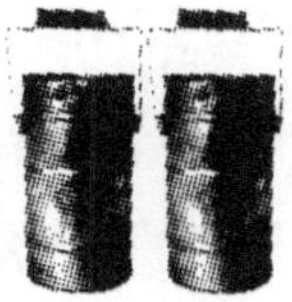

गं. *साब!* आज आप क्या जानना चाहते हैं?

अ. क्या आपका डिलीवरी व कोडिंग तंत्र एक समान आधार पर काम करता है?

र. जी हाँ! यह एक तरह की रिले दौड़ है जिसमें एक दल के चार खिलाड़ी दौड़ते हैं तथा जब तक एक धावक दौड़ का एक भाग पूरा कर लेता है तब दूसरा दौड़ना शुरू करता है। इसी प्रकार *डब्बेवाले*, केंद्र में विभिन्न स्थानों पर डब्बे पहुँचाते हैं व डिलीवरी की प्रक्रिया शुरु हो जाती है प्रमुख रेलवे स्टेशनों पर डब्बों की छंटाई होती है, जहाँ से डब्बों का वितरण हो जाता। इन केंद्रों पर हम डब्बों की छंटाई करते हैं।

गं. यहाँ हम *डब्बेवालों* व उनके समूह के झगड़े भी सुलझाते हैं। यह शेयर मार्केट के मंच की तरह होता है।

अं. आपने यह व्यवस्था कैसे तैयार की?

र. हमारे पास काम करने के लिए कोई मॉडल नहीं था।

हमने अपने हिसाब से पूरा तंत्र बनाया, बस उद्देश्य यही था कि डब्बे समय से पहुँचें।

अ. आपने इसे कंप्यूटरीकृत नहीं किया?

र. नहीं, इसकी जरूरत ही नहीं थी। जो काम हाथ से हो सकता है, उसके लिए मशीन का इस्तेमाल क्यों करें? श्रीमान! यहाँ दो सिद्धांत शामिल हैं; पहला, यदि हम कंप्यूटर द्वारा कार्य करें तो ग्राहकों पर अनावश्यक खर्चा पड़ेगा, दूसरा, हालांकि हम अपने कार्य की जरूरत के हिसाब से कंप्यूटर सीख सकते हैं, किंतु मजदूर उपलब्ध होने पर बदलाव क्यों करें।

गं. एक छात्र ने हमें कुछ समय पहले अमरीका में हुए एक सर्वेक्षण के बारे में बताया, पाया गया कि ज्यादातर लोग मानते हैं कि वे उन अंतहीन मीटिंगों, व्यर्थ ई-मेल व दर्जनों खरीदारी विकल्पों व टी.वी. पर चैनल के चुनाव के बिना भी सब कुछ कर सकते हैं।

श्री. वो यह कहना चाहता है कि आप ऐसा कोई काम नहीं करते, जिससे आपको फायदा पहुँचाने वालों पर भार पड़े। इसका मतलब है कि स्थानीय भावना से काम किया जाए।

अ. इससे ग्राहकों को फायदा होता है व कम पढ़े-लिखे लोगों को रोजगार भी मिलता है इस तरह एक भलाई का क़ाम भी हो जाता है।

गं. मैडम, आपने बिल्कुल ठीक कहा।

अ. छंटाई प्रक्रिया कैसे होती है?

र. ग्राहकों की संख्या बढ़ने के कारण केंद्रों पर छंटाई के काम में काफी समय लगने लगा था। हमने समूहों के स्तर पर

कोडिंग तंत्र को विकेंद्रित करने का फैसला लिया। हर समूह पहचाने जा सकने वाले संकेतों व संख्या के हिसाब से, सादी कोडिंग करने के लिए स्वतंत्र था।

अ. इनमें अंतर कैसे होता था?

र. सबको एक खास रंग से कोड तैयार करना होता था। प्रत्येक समूह सात प्रधान रंगों में से, अपनी मर्जी का एक रंग चुन लेता है।

अ. क्या आप हमें कोडिंग संकेत दिखा सकते हैं?

रघु एक फाइल खोलकर कुछ सूचियाँ दिखाता है (वे पुस्तक के परिशिष्ट में दी गई हैं)।

इन्हें देखकर अनीता कहती है-डब्बेवाला हर ग्राहक के घर से डब्बा उठाता है, उन्हें ठेले या साइकिल पर लादकर पास के 68 रेलवे स्टेशनों में से एक पर ले जाकर, गाड़ी में लाद देता है। इससे डब्बे इकट्ठे करने का चरण खत्म होता है।

डब्बेवालों का दूसरा समूह, गंतव्य के हिसाब से केंद्र पर डब्बों की छंटाई करता है। तब इन्हें गंतव्यों के हिसाब से तैयार लकड़ी के ठेलों पर चढ़ा कर, गाड़ी तक पहुँचा दिया जाता है। यह सारा काम 30 सैकेंड में करना पड़ता है क्योंकि गाड़ी हर स्टेशन पर इतनी ही देर रुकती है। हर दो मिनट के अंतराल पर गाड़ी आती है। पूरे डिलीवरी तंत्र में यह केंद्र बहुत महत्त्वपूर्ण स्थान है। यह बांद्रा, कुर्ला, अंधेरी या दादर जैसा कोई सैंट्रल स्टेशन ही होता है। यह माल उतारने-छंटाई करने व फिर से माल चढ़ाने का चरण है।

डब्बेवालों का तीसरा समूह, गंतव्य केंद्रों पर गाड़ी से डब्बे उतारते हैं। फिर से डब्बों की छंटाई होती है और उन्हें ग्राहकों तक पहुँचा दिया जाता है। यह माल उतारने-छंटाई करने व डिलीवरी करने का चरण है।

दोपहर के भोजन के बाद, खाली डब्बे ऑफिसों से बटोरे जाते हैं और फिर उसी प्रक्रिया से घर पहुँचाए जाते हैं। यह वापसी का चरण है।

डब्बेवालों की प्रतिदिन की प्रक्रिया में उचित तालमेल होता है कभी-कभी यातायात की अव्यवस्था की वजह से थोड़ा बहुत बदलाव होता है परंतु वापसी पर वो एक सा ही होता है।

अ. क्या मैंने इसे अच्छी तरह समझा है?

गं. जी हाँ, आपको यह भी याद रखना चाहिए कि हमें सुबह के उन तीन घंटों में, एक-एक मिनट के हिसाब से सारा काम करना पड़ता है। हमें रेलवे व कार्यालयों के टाइम-टेबल के हिसाब से सारा प्रबंध करना पड़ता है। हमने समय प्रबंधन के क्षेत्र में वर्ल्ड रिकॉर्ड बनाया है।

अ. खाने-पीने की सारी वस्तुएँ, फ्रिज में रखने के बावजूद लंबे समय तक नहीं टिक पातीं। इसी तरह घर में बने भोजन की ताजगी पर भी तापमान का असर पड़ता है। आपको भोजन पकने के 3-4 घंटे के भीतर उसे पहुँचाना होता है।

श्री. मेरे हिसाब से आजकल कार्यालयों में माइक्रोवेव होते हैं। नई तकनीकों से बने लंच बॉक्स में खाना भी ज्यादा देर तक गर्म रहता है। ऐसी सुविधाओं के बावजूद, इन लोगों ने अपनी

दिनचर्या बनाए रखी है। यह सचमुच विकेंद्रीकरण व समय प्रबंधन की श्रेष्ठता की मिसाल है।

गं. कोई भी संगठन एकता, अनुशासन, त्याग व अपनी सीमाओं के ज्ञान के बिना पूरी योग्यता से काम नहीं कर सकता। अनीता एक आधुनिक प्रबंधन मंत्र मिलने की प्रसन्नता को छिपा नहीं सकती, जो श्रेष्ठ व्यावसायिक संगठनों में भी कभी-कभार ही देखने को मिलता है।

वह अपने लैपटॉप पर लिखती है-

शक्तिशाली बनने के लिए विकेंद्रीकरण करें व बेहर तरीके से माल की सुपुर्दगी करें; यह ध्यान रहे कि ग्राहक के लिए बदलाव की कीमत अधिक न हो।

ग्रहण करें

वर्तमान अभ्यास

किसी भी व्यावसायिक संगठन में लंबी मीटिंगों, ई-मेल, टेलीफोन वार्ताओं व कई सहनीय कारकों के अलावा मशीनीकरण व कंप्यूटरीकरण की सहायता से सारा काम किया जाता है। तकनीकी ढांचे के दूसरे छोर पर मिलने वाली ऐसी सेवाएँ न तो प्रभावी होती हैं और न ही ग्राहकों के लिए किफायती होती हैं।

ज्यादातर संगठनों ने संसाधनों के बंटवारे व व्यावसायिक विकास के लिए निर्णय निर्धारण के लिए विकेंद्रित कर दिया। जिससे कर्मचारियों की योग्यता कुंठित होने के अलावा स्वतंत्र रूप से काम करने की प्रेरणा भी घटती है।

वर्तमान अवसर

जो काम मशीनों के बिना हो सकता है, अगर उसे हाथ से किया जाए तो हम टैक्नॉलॉजी के दूसरे किनारे पर भी समुचित रोजगार स्तर कायम कर सकते हैं। हमें सब कुछ बाहर से आयात करने की जरूरत नहीं है। स्वचालन व कंप्यूटरीकरण द्वारा योग्यता के विषय में वैश्विक रूप से सोचें, किंतु विभिन्न रचनात्मक प्रयासों से योग्यता बढ़ाने के लिए स्थानीय रूप से काम करें; जैसे *डब्बेवाले* मोपेड की बजाए साइकिल का इस्तेमाल कर रहे हैं।

ताकतवर बनने के लिए विकेंद्रीकरण करें व ग्राहक तक न्यूनतम लागत पर माल पहुँचाएँ। अगर आपके पास अंत:निर्भर सहयोग की गांधीवादी विचारधारा होगी; जहाँ मशीनें आदमियों के बाद आती हैं तो संभव है कि आप ग्राहकों को किफायती सेवाएँ प्रदान कर सकें। आपको सुनिश्चित करना होगा कि किसी एक व्यक्ति का स्वार्थ पूरे मानवीय तंत्र को भ्रष्ट न कर दे।

डब्बेवाले

अध्याय-6

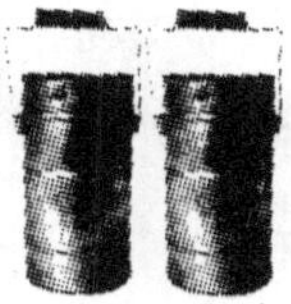

अगली सुबह, रघु व गंगा ने चाय की चुस्कियों के बीच टेपों को काफी ध्यान से सुना। उन्होंने आखिरी पंक्ति से बातचीत की कड़ी को जोड़ा-"शक्तिशाली बनने के लिए विकेंद्रीकरण करें व बेहतर तरीके से माल की सुपुर्दगी करें।" यहाँ उनकी मराठी में हुई बातचीत का अनुवाद प्रस्तुत हैं।

गं. *यार* रघु! यह लोग काफी समझदार लगते हैं। इनसे हमें काफी सहानुभूति भी है।

र. सहानुभूति नहीं, समानुभूति कहो।

र. कंपनियों के लिए विकेंद्रीकरण काफी बड़ा मुद्दा है। कंपनियाँ, मीडिया या प्रेस आदि प्रत्येक सरकार को विकेंद्रित करने के लिए भाषण देते हैं पर फिर भी इन संगठनों के अनेक प्रबंधक, सत्ता के बंटवारे को भुलाकर विकेंद्रीकरण व प्रतिनिधित्व की गुहार लगा रहे हैं।

गं. लखनऊ सेमीनार में छात्रों ने हमसे क्या कहा था?

रघु कुछ फाइलें पढ़ने के बाद कहता है:

"समाज का ऐसा कोई संगठनात्मक ढांचा नहीं, जो ईश्वर के राज्य को धरती पर ला सकता हो। वैसे मनुष्य का स्वार्थ, सारे तंत्रों को भ्रष्ट कर सकता है।"

गं. मुझे तो अब भी यह नहीं समझ आता कि उन्हें सत्ता या शक्ति की इतनी भूख क्यों है?

र. ऐसा इसलिए है क्योंकि उनकी दुनिया में, सबसे ऊँचाई पर नियंत्रण लाभ व अधिकार ही सारे अंशधारियों की किस्मत तय करते हैं।

गं. यही वजह है कि कई लोग सत्ता के मद में चूर हो जाते हैं? लेकिन इतनी जिम्मेवारी लेने व दूसरों से पत्थर खाने से क्या लाभ? इसके बाद वे तनाव प्रबंधन के सेमीनारों में जाते हैं व दुखी रहते हैं।

र. सेवा बिन मेवा नहीं! अगर ऐसा नहीं हुआ तो मनोवैज्ञानिक व दवाओं की कंपनियाँ कैसे फलेंगी-फूलेंगी? एम.बी.ए. करने वाली नई पौध को पहले सब कुछ जटिल बनाना सिखाते हैं, फिर उन्हें सादा बनाने के लिए धन व समय लगाया जाता है, यह सब कुछ इसी कंप्यूटर की मदद से होता है। वे कहते हैं कि तकनीकी सभ्यता स्वभाव से ही उलझी हुई है और यहाँ समस्याएँ सुलझाने के लिए रचनात्मकता की जरूरत होती है।

गं. मेरे हिसाब से तो पहले उन्हें उलझाने के लिए रचनात्मक होना पड़ता है। चाहे मेरा बेटा कितने भी इम्तहान क्यों न दे, मैं उसे एम.बी.ए. नहीं पढ़ने दूँगा। इस तरह तो वो एक ऐसे डब्बे

में बंद हो जाएगा, जहाँ उसे चमकीले स्तरीय प्रतीकों के पीछे भागने वाला जटिल मनुष्य बनना सिखाया जाएगा। यह कैसा तंत्र है? जब नौकरी लग जाएगी तो वह अपनी संतुष्टि की तलाश करेगा! यह सब कितना अजीब है ना?

र. खैर! इसी तरह रचनात्मक लोग इस दुनिया को चलाते हैं। पहले रवैयों का एक ऐसा ढांचा बनाया जाता है जिसका मानवीय विकास से कोई लेन-देन नहीं होता। फिर इसकी लागत समाज पर डाल दी जाती है। फिर सोच बदलने वाले कार्यक्रमों पर खर्चा किया जाता है, उसकी लागत भी झट से उत्पाद में जोड़ दी जाती है। फिर वे भोले-भाले ग्राहकों को वे उत्पाद सौंप देते हैं, उनके हाथों में पकड़े बैनरों पर बड़े-बड़े अक्षरों में लिखा रहता है-"ग्राहक राजा है।"

गं. मैंने ऐसी घोषणा कभी नहीं सुनी कि-"ग्राहक रानी है।" रघु आँख दबाते हुए कहता है:

इसके लिए तो गंगा की अलग नजरिए से देखने की काबलियत चाहिए।

गं. दूसरों से काम करवाने में कितनी तरह की अड़चनें आती हैं। हम सोचते हैं-

सत्तेपेक्षा सिद्धांत, स्वार्थापेक्षा सेवा

लोभापेक्षा समर्पणा महत्त्वा ध्यावे

श्री. इसका अर्थ है:

सत्ता से बढ़कर सिद्धांत को, स्वार्थ से बढ़कर सेवा को, और लोभ से बढ़ कर समर्पण को अहमियत दो।

र. यह सच है लेकिन विशाल, जटिल व तकनीकी संगठनों को चलाने के लिए यह सब जरूरी है। विज्ञान व तकनीकी प्रगति के बिना यह संसार तरक्की नहीं कर सकता था।

गं. यह भी बिल्कुल ठीक है। हम अपने आसपास जो भी प्रगति देखते हैं, ऐसा कुछ भी संभव न हो पाता।

र. गंगा यार! इस बात को इस तरह सोच! अगर लोग और दुनिया नहीं बदलते, तो सब कुछ ठहर सा जाएगा। हम फिर से ग्रामीण जीवन में नहीं लौट सकते, क्या लौट सकते हैं? वहाँ इतने साधन नहीं कि हम पाँच जन के परिवार का भी पेट भर सकें। हमारी आय का प्रमुख स्रोत क्या है?

गं. रेलवे और घर के पके भोजन का आकर्षण।

र. बिल्कुल ठीक, बैलगाड़ियों से तो हमें इस तरह की आय नहीं हो सकती। हमारे लिए रेलें किसी वरदान से कम नहीं। इंजनों में सुधार, बढ़ती हुई क्षमता व बेहतर सुविधाओं के बल पर ही हम तेजी से बढ़ते यातायात के बीच अपना काम कर रहे हैं।

गं. हाँ! यह तो ठीक है।

र. हमारे पिता की पीढ़ी से हमारे पास ऐसे ग्राहक हैं, जो घर का पका भोजन चाहते हैं। अब एक प्रभावी रेल तंत्र इस मांग को पूरा कर रहा है। हम तो सिर्फ माल पहुँचाते हैं।

गं. हम इन दोनों के आभारी हैं, इन्होंने हमें एक ऐसा व्यवसाय दिया, जहाँ हम अपने हुनर का भरपूर इस्तेमाल कर सकते हैं। घर का पका भोजन खाने की पुरानी आदत को, परिवहन के आधुनिक साधन निभा रहे हैं।

र. हम इस व्यवसाय को इसलिए कायम रख पाए क्योंकि हम भी समय के साथ बदले हैं। पिछली पीढ़ी हमारे जितनी तेजी नहीं दिखा पाई क्योंकि उन दिनों इतनी तेजी से चलने वाली रेलगाड़ियाँ ही नहीं थीं। पिछले 30 वर्षों के दौरान मुंबई में यह गति काफी बढ़ी है।

गं. मैं समझ गया। हमने रेलों की बढ़ती गति के साथ अपनी गति बढ़ाई है। हमने काम का भार बढ़ने पर ज्यादा समूह बनाए, अपने संग्रह व कोड के तंत्र बदले। यह सब कुछ हमने अपनी मर्जी से किया।

र. क्यों?

गं. क्यों इसी में आशा छिपी है।

र. जब हम पूरी उत्सुकता के साथ अपना हुनर निखारते हैं तो न्यायसंगत रूप से बेहतर भविष्य की आशा रख सकते हैं। गंगा! तुम मैडम की तरह सारांश कैसे निकालोगे?

गं. अरे! यह तो बड़ा आसान है।

पुराने को संभालें लेकिन बदलाव का भी आनंद लें।

ग्रहण करें

वर्तमान अभ्यास

सामयिक परिदृश्य में, संगठनों की मृत्यु-दर काफी ऊँची है क्योंकि कई बार लोग अपने तरीके नहीं बदलते वे सब कुछ बदल जाने के बावजूद पुराने अभ्यास चालू रखते हैं।

वर्तमान अवसर

इस बदलाव के साथ जीने वाले संगठन वही हैं, जहाँ लोग नई तकनीकें सीखने को तैयार रहते हैं व अपनी क्षमता का स्तर सुधारने के लिए मेहनत करते हैं। वे पुराने तरीकों की कद्र करते हैं लेकिन काम करने के नए तरीके भी अपनाते हैं।

डब्बेवाले

अध्याय-7

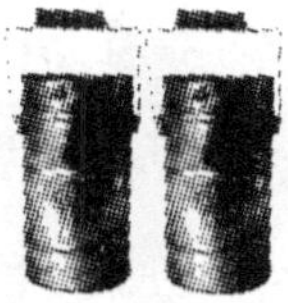

अगले दिन सुबह अनीता, रघु व गंगा के साथ उनके काम करने का तरीका देखने गई। मैं उनसे दक्षिणी मुंबई के चेतना रैस्टोरेंट में लंच के दौरान मिला।

गं. मैडम, क्या आपको हमारी सुबह की भाग-दौड़ समय के हिसाब से ठीक लगी?

अ. अरे! यह तो एक निराला अनुभव था। मैं हैरान हूँ कि आप किस तरह हर दिन, सालों से यह सब करते आ रहे हैं। मैं कल्पना कर सकती हूँ कि इसकी गिनती रिकॉर्डों में क्यों की गई है। आप सिर्फ रोजी-रोटी कमाने के लिए यह सब करते हैं और फिर भी अपने काम से खुश हूँ। आपके अथक परिश्रम को देख, मैं नतमस्तक हूँ।

र. ऐसा नहीं कि हमें ज्यादा पैसा नहीं चाहिए, पैसे की जरूरत हमें भी है लेकिन हमें मध्यवर्गीय सोच का अच्छी तरह पता है। कुछ लोग देना नहीं चाहते और कुछ ज्यादा भुगतान कर नहीं सकते।

अ. तो आपको बढ़ोत्तरी कब मिलती है?

र. यह सब कुछ अपने-आप नहीं हो जाता। जब हम उन्हें समझाने में सफल हो जाते हैं कि हर चीज की कीमत कितनी बढ़ गई है, तभी हम अपने पैसे बढ़वाने में सफल हो पाते हैं। जब ग्राहकों को स्वयं इस बात का एहसास होता है, वे हमारे पैसे बढ़ाते हैं। हमारे सदस्यों को अपने व्यवहार की शालीनता द्वारा उनके मन में सहानुभूति पैदा करनी पड़ती है। इसी खासियत की वजह से हम इस व्यवसाय में सालों से टिके हुए हैं।

अ. सचमुच यह सब काफी मुश्किल होता होगा?

गं. जी, हमारा समाज अब भी काफी भावुक है। आक्रामक रवैए की बजाए सहानुभूति ज्यादा काम आती है। अगर आप संवेदनात्मक पक्ष को अच्छी तरह निभाना जानते हैं, तो आपको आपका देय अवश्य मिलता है।

अ. श्रीमान मेगड़े! आप यही कहना चाह रहे हैं कि बदलाव की इस प्रक्रिया में जो स्थायी है, उसी की तलाश की जाए।

र. मैडम! हम लोगों की इतनी अच्छी जान-पहचान हो गई है। बेहतर होगा कि आप हमें हमारे नामों 'रघु व गंगा' से पुकारें। इससे अपनेपन का एहसास होता है।

अ. ठीक है, रघु!

र. आदतें इतनी आसानी से नहीं बदलतीं, हैं ना?

अ. हाँ

श्री. ठीक इसी तरह ईमानदारी, अखंडता व ईश्वर के प्रति विश्वास जैसे मूल्य भी कभी नहीं बदलते। सच है न?

अ. हाँ, पर संस्कृतियाँ तो बदलती हैं।

र. हाँ, लेकिन यह बदलाव काफी धीमा होता है। हम जो कहना चाह रहे हैं, वह यह है कि लंबे समय तक चलने वाले स्थायी पहलुओं के साथ-साथ, आपको सामान्य व सरल रूप से व्यवसाय चलाने के तरीके भी तलाशने चाहिए।

अ. ये लोग गाँवों से शहरों में आए हैं इन्होंने यहाँ अपने लिए घर भी बनाए हैं। इन्होंने स्वयं को उतना ही बदला है, जितना इनके काम के लिए जरूरी है लेकिन इन्होंने अपनी परंपराएँ नहीं छोड़ीं।

श्री. क्या तुम्हें 'फिडलर ऑन द रूफ' याद है?

अ. मैं भी यही कहना चाहती हूँ। यह लोग आज भी पूरी दृढ़ता से अपने पैतृक मूल्यों पर डटे हैं। नतीजन इनके पास सेवा की असाधारण व अद्भुत परंपरा है।

रघु व गंगा के चेहरे पर भीनी सी मुस्कान है

परंपरा! परंपरा! परंपराओं के साथ आपके काम करने के तरीके सहज हो जाते हैं क्योंकि आप जानते हैं कि वह काम कैसा था और आने वाले समय में भी कैसा होगा। नायक टीवे को अपने भय का सामना करना पड़ता है क्योंकि उसकी बेटी उसके सामने चुनाव रख देती है, उसे परंपरा या उनकी खुशियों में से किसी एक को चुनना था।

तब तय हो जाता है कि प्रत्येक अपने प्रिय को मनचाही वस्तु देगा, इसके साथ ही टीवे में बदलाव आने लगता है। वह स्वयं, उसकी पत्नी तथा परिवार आदि यहूदी जीवन के आधार

पर क्या सोच रखते हैं, वह इन सबसे लगातार लड़ रहा है। मेरे विचार से इसी समय छत पर फिडलर आता है। टीवे हमेशा उसे देखकर उसके संगीत से सांत्वना पाने की कोशिश कर सकता है। ऐसा करने पर उसे एहसास होता है कि वह अकेला नहीं है, फिडलर हमेशा उसे दिलासा देने के लिए साथ होगा। परंपरा!

वे यही भाव सब तक पहुँचाना चाहते हैं।

गं. हर किसी को अंधाधुंध भागने की जरूरत नहीं है। एक्सप्रेस वे में भी तीन पंक्तियाँ होती हैं। एक धीमी, दूसरी मध्यम व तीसरी तेज गति वाले वाहनों के लिए। इन सभी पंक्तियों व लाइनों में व्यावसायिक अवसर तलाशे जा सकते हैं।

र. इसे इस नजरिए से देखें, आदतें जीवन को स्थिर करती हैं। इनके लिए नियमित रूप से देखरेख चाहिए, जिसका अर्थ है *नियमित सेवा*। जिसका अर्थ होगा कि सेवा प्रदान करने वाले, धार्मिक नियमितता के साथ सेवाएँ प्रदान करें। माँ के व्यंजन की विधि तो बिकती है पर इसमें माँ के हाथ के बने भोजन का स्वाद नहीं हो सकता। हमें माँ के हाथों के स्पर्श से उस भोजन में स्वाद आता है। है ना?

अ. चाहे आप कितना भी स्वचलन क्यों न दें लोग अब भी वो सब चाहते हैं, जिसकी लागत अधिक न आए। वे कहना चाह रहे हैं कि अगर आप तकनीकों व मशीनों द्वारा सब कुछ तेजी से तुरंत देते हैं तो इससे निजी स्तर पर संतुलन नष्ट होने के साथ-साथ, सब कुछ खर्चीला भी हो जाता है। आप अपने निवेश पर वापसी के बारे में सोचते हैं और उपभोक्ता पर भार बढ़ जाता है।

श्री. बिल्कुल ठीक, इस प्रक्रिया में आप अपनी आजादी खोने के साथ-साथ मानवीय भावनाओं को भी कमजोर बनाती हैं।

अ. सी.के. प्रह्लाद के अनुसार, लाभ पर आधारित व्यवसायों में, पिरामिड के निचले हिस्से से जुड़े लोगों को शामिल करके सुधार के अवसर पैदा किए जा सकते हैं। उन्हें 'अधिक ही बेहतर' के विपणन सिद्धांत में यकीन दिलवाया जा सकता है।

श्री. हालांकि *डब्बेवालों* के व्यावसायिक मॉडल में दो खास अंतर हैं। पहला, वे व्यवसाय बढ़ाने के लिए ग्राहक की मांग नहीं बढ़ा रहे। दूसरा, वे लाभ कमाने की बजाए, थोड़े से ही अपना काम चलाना चाहते हैं। बस इतना, जिससे उनकी गुजर-बसर हो सके।

र. हम जरूरत और फालतू खर्च का अंतर समझते हैं।

श्री. वैश्वीकरण संस्कृति ने गति के साथ संपूर्ण उपलब्धि को भ्रमित कर दिया है। हमें भागने के लिए मजबूर किया जाता है। इस विचारधारा का मूल यही है कि अगर हम सब कुछ तेजी से करेंगे, तो हमें सफल माना जाएगा। हम इसी प्रक्रिया में जिंदगी से कहीं दूर हो गए हैं। अपनी गति धीमी करके सब कुछ फिर से पाया जा सकता है। तभी तो आजकल 'योग' की बात की जाती है। *योग से प्राणायाम* व चहलकदमी भी जुड़े हैं।

र. श्रीमान! आपने बिल्कुल ठीक कहा। हम लगातार भाग रहे हैं। हम *'वरकारी पंथ'* से संबंध रखते हैं, वे तीर्थयात्री, इस पूरे जीवन को ही एक तीर्थयात्रा मानते हैं।

अ. 'वरकारी पंथ' का क्या अर्थ है?

र. हमारे पंथ का उद्देश्य है:

हम सोने की अंगूठी में जड़ने वाली मोती बनने की बजाए
ओस की बूंद बनकर हंस की प्यास
बुझाने में ज्यादा खुशी महसूस करते हैं
इसी से हमें अनंत प्रसन्नता प्राप्त होती है।

अ. इस अभ्यास में कौन सा दर्शन छिपा है?

गंगा अपनी जेब से एक पुस्तक निकाल कर पढ़ता है:
प्राणी व वृक्ष धन्य हैं क्योंकि उन्हें दूसरों की सच्ची
सेवा करने का अवसर मिलता है!

श्री. यह दर्शन 'सह-अस्तित्व' का है। खुद जियो औरों को भी जीने दो, किसी का शोषण न हो। आप आसानी से विकल्प तलाश कर सामाजिक संतुलन स्थापित कर सकते हैं बस ध्यान रहे कि आप सारे संतुलन को न बिगाड़ें।

अ. सबसे ज्यादा प्रेरणादायक यह है कि इन्होंने इसी दर्शन व अभ्यास को अपने व्यवसाय में भी उतारा है।

श्री. पिरामिड में सबसे नीचे रहने वालों ने सीमांत उपदेयता की आर्थिक बुद्धिमता में अपना स्थान बना लिया है। उन्होंने अपनी गति में सुधार के लिए भी कई बदलाव किए हैं ताकि वे गाड़ियों की गति के हिसाब से चल सकें, लेकिन उन्होंने अपना संतुलन अस्त-व्यस्त नहीं होने दिया। उन्हें हर रोज पदयात्रा करनी पड़ती है, जो सौ सालों से चलती आ रही है। इसी से लोगों को सच्ची सेवा प्राप्त होती है।

अ. पहले मुंबई में ट्राम चलती थीं व गाड़ियों की गति भी काफी धीमी थी। उन्होंने गिरगाँव, नयागाँव, माज़गाँव व गामदेवी जिले के कुछ हिस्सों से अपनी सेवाएँ शुरु की। यह सब उस

समय के एकमात्र व्यावसायिक जिले, दक्षिणी मुंबई में फोर्ट के समीप थे।

श्री. अच्छा! जब तेज गति से चलने वाले इंजन आए तो गाड़ियों की गति भी बढ़ी। गाड़ियों की संख्या व रूट भी बढ़े। सेवाएँ भी मुख्य व्यावसायिक जिले से उत्तर की ओर 70 कि.मी. तक फैली। दूसरे शब्दों में, व्यवसाय व आवासीय इलाकों में अभूतपूर्व वृद्धि हुई।

अ. अगर गति ही मूल्य श्रृंखला के ऊपरी छोर पर व्यवसाय का बीज मंत्र है तो दूसरे छोर पर भी ऐसा ही है। टैक्नॉलॉजी की बदलाव दर इसके प्रमुख कारकों में है। उन्होंने दिखाया है कि नए नमूने की रेल गाड़ियों की मैराथन में, लोगों की एक्सप्रैस की भी गुंजाइश है-यह भी एक तरह की मैराथन है, जिसमें लोग अतिरिक्त मानवीय प्रयासों से अपनी आय कमा सकते हैं।

श्री. स्पेंसर जॉनसन भी अपनी बेस्टसैलर किताब 'हू मूवड माई चीज़' में कहना चाहते हैं कि केवल बदलाव को स्वीकारने के साथ-साथ इसे पैदा करने की योग्यता ही एक गतिशील व्यक्ति की पहचान है। यहाँ आपने देखा कि *डब्बेवाले* अपने व्यवसाय को बनाए रखने के लिए बदलाव को दिशा दे रहे हैं। वे ज्यादा नहीं बदले क्योंकि उनका चीज़ (घर के पके भोजन की डिलीवरी) भी ज्यों का त्यों है।

गं. हमें अंधेरी लोकल पकड़ने के लिए थोड़ी तेजी दिखानी होगी। तभी बैरा हमारे आदेशानुसार पान ले आता है। अनीता लैपटॉप में लिखती है-

स्प्रींटरस@बॉटमऑफपिरामिडडॉटकॉम

(sprinters@bottomofpyramid.com)

ग्रहण करें

वर्तमान अभ्यास

इस प्रतियोगी दुनिया में हर कोई जीतने के लिए दौड़ रहा है, जिससे काम का तारतम्य टूट सा गया है। तनाव के स्तर बढ़ने से अनेक व्यक्ति अस्वस्थ रहने लगे हैं।

सामाजिक पिरामिड के निचले व मध्यम व मध्यम वर्ग के ग्राहकों को दी जाने वाली सेवाएँ महंगी, अविश्वसनीय व अप्रभावी हो गई हैं। यह सब कुछ आधुनिक यंत्रों के अंधाधुंध प्रयोग, आर.ओ.आई. पर अधिक ध्यान देने व ज्यादातर संगठनों के उच्चाधिकारियों के उदासीन रवैए का नतीजा है।

वर्तमान अवसर

हम जीतने के लिए पैदा हुए हैं, लेकिन हमेशा दौड़ने के लिए पैदा नहीं हुए। हर किसी को हमेशा एक्सप्रैस-गति में गाड़ी चलाने की जरूरत नहीं है। आप सही समय पर डिलीवरी के लिए केवल चलने की बजाए, तेजी से चलना सीख सकते हैं।

जब हम ऊँची बेरोजगारी दर व वृद्ध जनसंख्या के बीच पिस रहे हैं तो ऐसे में मानवीय तंत्रों की क्रम परंपरा में किफायती व उचित सेवाएँ बहुत मायने रखती हैं। *सेवा धर्म* के मूल्यों व लाभ निरपेक्षता के नियम पर आधारित ग्राहक-केंद्रित नजरिए के बल पर ऐसी सेवाओं की भारी मांग पूरी की जा सकती है।

डब्बेवाले

अध्याय-8

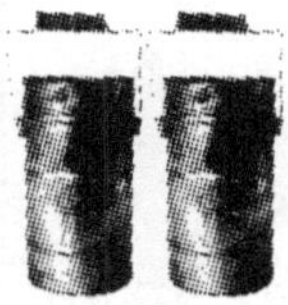

उस रात स्प्रींटरस@बॉटमऑफपिरामिडडॉटकॉम ही मेरी लोरी बनी। अगले दिन जब अनीता मुझे *डिब्बेवालों* के अंधेरी स्थित कार्यालय में ले जाने के लिए आई तो मैंने उसे यह बताया, जिसे सुन कर उसे बड़ी खुशी हुई। रघु व गंगा हमारा इंतजार कर रहे थे।

र. सर! हमें उस दिन दोपहर के भोजन का बड़ा स्वाद आया। आपके सवालों ने हमें थोड़ा सोचने पर मजबूर कर दिया। गाड़ी से वापिस लौटते समय भी हम उन्हीं के बारे में बात करते रहे। हम यह देखना चाह रहे थे कि हमने सही जवाब दिए या गलत।

अ. क्या जवाब सही थे?

र. जी हाँ! हमने बिल्कुल सही जवाब दिए। कई बार ऐसा होता है कि हम ज्यादा मुश्किल और उलझी हुई बात समझ नहीं पाते इसलिए हम उन पर गहराई से सोच-विचार करते हैं। हमें अपने सदस्यों को काफी कुछ समझाना पड़ता है। हम ऐसा तभी

करते हैं, जब हम मुश्किल व उलझी हुई बातों को थोड़ा आसान बना सकें।

अ. क्या आप कोई मिसाल दे सकते हो?

र. एक बार मैंने एक समूह को समझाया : एक मशीन में चल व स्थिर, दोनों तरह के कलपुर्जे होते हैं। स्थिर पुर्जों को भी समय-समय पर मरम्मत की जरूरत होती है। ठीक इसी तरह, मनुष्य की कुछ जरूरतें कभी नहीं बदलतीं और कुछ तेजी से बदलती रहती हैं। बहुत कम बदलने वाली जरूरतों की सेवा करके हम अपनी रोजी-रोटी कमा सकते हैं। हम उनसे पीछे नहीं हट सकते।

गं. घर के पके भोजन की ताजगी बरकरार रहनी चाहिए। यही हमारे डिलीवरी सिस्टम का सबसे अहम कारक है। हम डिब्बे पहले इकट्ठे नहीं कर सकते और न ही उन्हें देर से लौटा सकते हैं। यह सारा काम सुबह के तीन से साढ़े-तीन घंटों के दौरान पूरा होना जरूरी होता है।

अ. इस बंधे हुए समय वाली दिनचर्या में कई तरह की रुकावटों का सामना भी करना पड़ता होगा। क्या आप बता सकते हो कि आप अपने सदस्यों को सही समय पर डब्बा पहुँचाने की प्रेरणा कैसे देते हो?

ग. हमारे ठेले दूसरे वाहनों की तुलना में काफी धीमे चलते हैं, हमने स्वयं ही अपने लिए मुश्किलें पैदा की हैं।

गं. शुरुआत में, जब हम लाल या पीली बत्ती में सड़क पार करने की कोशिश करते तो पुलिस आपत्ति करती। हमें उनसे विनती करनी पड़ती थी कि वे हमें सड़क पार करने दें ताकि हम

हरी बत्ती के दौरान दुर्घटना का कारण न बन जाएँ और यातायात जाम न हो जाए।

अ. फिर क्या हुआ?

गं. हमारे नजरिए व भोजन पहुँचाने की जरूरत को ध्यान में रखते हुए पुलिस हमें भागने देती थी या यूँ कहें कि हमारी इस दौड़ को नजरंदाज कर दिया जाता था।

र. हमने इसका इस्तेमाल इसलिए किया ताकि सबको फायदा हो। पुलिस दूसरे पदयात्रियों या खोमचे वालों को इस तरह सड़क पार नहीं करने देती।

श्री. कितना कल्पनाशील है! अनीता उन्हें पुलिस की सहानुभूति के बल पर यह छूट मिली। पुलिस भी जानती है कि भोजन सही समय पर पहुँचना चाहिए। पुलिस को एहसास हुआ कि *डब्बेवालों* के लिए समय प्रबंधन कितने मायने रखता है। यह दिमाग के दाएँ हिस्से, एक सहज बुद्धि की मिसाल है।

अ. मैं समझ गई! यहाँ पुलिस ने बाएँ मस्तिष्क की तर्कशक्ति से काम नहीं लिया, जिसके बल पर वे सभी गाड़ियों की गति, यातायात व जाम आदि पर विचार करते हैं व फैसले लेते हैं। शायद जनता भी उनसे ऐसी छूट की मांग नहीं करती। किसी ने भी अभी तक सार्वजनिक हित में कोई मुकदमा दायर नहीं किया। यह एक समाजवादी देश का असाधारण सामंजस्य है।

श्री. यह अनेकवादी भी है तो है।

र. हमारे गुरुओं ने कहा है कि हमें मस्तिष्क की सीमा से परे जाना है।

गं. हाँ! हमें ग्राहकों की मनोधारा को दोनों मस्तिष्कों की मदद से समझना होगा। मैडम, आपने बिल्कुल ठीक कहा। ग्राहक तो देवता समान होता है, उसे भक्ति व श्रद्धा से भरपूर देखरेख मिलनी ही चाहिए।

अनीता कहती है - हाँ, यही तो मैं लिख रही हूँ-

आप पुराने ग्राहकों को जितनी
वफादारी से सेवाएँ देते रहेंगे।
व्यवसाय उतना ही दीर्घकालीन होगा।

ग्रहण करें

वर्तमान अभ्यास

ग्राहक सेवा, मोबाइल फोन की हो या वाशिंग मशीन की, केवल ऑपरेटर की हो या कोई अन्य, यह काफी खर्चीली, समय लेने वाली होने के साथ-साथ ज्यादा भरोसेमंद भी नहीं है।

वर्तमान अवसर

अपने ग्राहकों को किसी भी रूप में सेवा देने वाली कंपनी, अगर ग्राहक को देवता मानती है, तो वह अपनी सेवाएँ भरोसेमंद बनाएगी। इस तरह करने पर ही वह अपने ग्राहकों की वफादारी जीत सकेगी।

डब्बेवाले

अध्याय-9

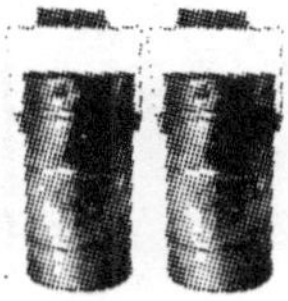

हम सैन्ट्रल मुंबई के *नवयुग मैंशन* में, *डब्बेवालों* के कार्यालय में मिलें।

अ. आपकों इतनी पहचान व शोहरत मिली, क्या आप इस बारे में बताएँगे?

र. हमारी प्रभावी व विश्वसनीय डिलीवरी के बारे में एक लेख (फास्ट फूड, *"फोर्ब्स ग्लोबल"*, 8 अक्टूबर 1998 को सुब्रतो एन. चक्रवर्ती व नाज़नीन करमाली द्वारा) छपने के बाद यह सब शुरू हुआ। इसे पढ़ें:

मुंबई के 'टिफिन वालों' ने सेवा का ऐसा स्तर प्राप्त किया है, जिसकी पश्चिमी व्यवसाय भी इच्छा रखता है। भारत में 'प्रभावी संगठन' का विचार ही सबसे पहला नहीं है, जब लाभ के उद्देश्य को भी पीछे कर दिया जाता है, तो कुछ भी संभव हो सकता है। भारतीय सक्षमता को श्रेष्ठ रूप में देखना चाहते हैं, तो टिफिन वालों को काम करते हुए देखें।

गं. एम टी.वी व जी.टी.वी. ने हम पर वृत्त चित्र बनाए। *गिनीज़ बुक ऑफ वर्ल्ड रिकार्ड* व रिप्ले के *'बिलीव इट और नॉट'* ने उचित कीमत पर ग्राहकों को *डब्बे* की सुपुर्दगी के अविश्वसनीय प्रदर्शन के लिए हमारे सम्मान में रिकार्ड बनाया।

र. हम गिनीज़ बुक या रिप्ले के बारे में कुछ नहीं जानते थे। हम अंग्रेजी भी नहीं पढ़ते, हमारा सारा माहौल मराठी है। यह पहचान मिलने से हमें हैरानी के साथ-साथ खुशी भी हुई एक के बाद दूसरी प्रस्तुति ने हमें लोकप्रिय बना दिया।

अ. प्रैस व मीडिया द्वारा आपकों कवर किए जाने पर, सबसे अच्छा क्या लगा? क्या समाज का व्यवसायी वर्ग भी आपको व आपके काम करने के तरीके को सराहने लगा?

र. जी हाँ, हमें तो खासतौर पर हमारे काम के प्रति छात्रों व शिक्षाविद्ों की रुचि देखकर बहुत अच्छा लगा। आपने वे अध्ययन तथा सर्वेक्षण देखे ही हैं उनके निरीक्षणों से हमें भी काफी फायदा हुआ है। हमें भी पता चला कि उनकी क्या सोच है और वे कैसे काम करते हैं, यह सब व्यक्तिगत तौर पर काफी महत्त्वपूर्ण था।

ग. मेरे दिमाग का बाँया हिस्सा तो *एचटीटीपीकोलनश्लैष डब्ल्यूडब्ल्यूडब्ल्यूडॉटग्लोबलाइजेशनडाटकॉम* में ही अटक गया है।

अ. आपने वैश्वीकरण का सही अर्थ तलाशने में जो सहायता की, मैं उसके लिए आपकी प्रशंसा करती हूँ।

श्री. मैं विषय बदलते हुए पूछना चाहता हूँ कि क्या प्रिंस चार्ल्स से मिलने के लिए आपने कहा था?

र. नहीं, हो सकता है कि उन्होंने बी.बी.सी चैनल पर हमारा वृत्तचित्र देखा हो या फिर कहीं और से जानकारी ली हो। हमें ब्रिटिश कौंसिल से एक फोन आया। जितेंद्र जैन ने अपना परिचय देने के बाद कहा "प्रिंस चार्ल्स अपनी भावी मुंबई यात्रा में आपसे मिलना चाहते हैं ताकि आपकी कार्य पद्धति को देख व समझ सकें। मुझे पूरा भरोसा है कि आप उनकी इच्छा का मान रखेंगे" और मैंने हामी भर दी।

गं. उस समय अंधेरी कार्यालय में हम छः लोग थे। एक पल को तो हमें इस बात का यकीन ही नहीं हुआ।

र. जितेंद्र ने ही फोन पर मुलाकात का समय तय किया। हालांकि प्रिंस से विक्टोरिया टर्मिनल (छत्रपति शिवाजी टर्मिनल) पर ही मिलना बेहतर होता पर सुरक्षा कारणों की वजह से ऐसा नहीं किया गया। इसके बदले तय हुआ कि पश्चिमी रेलवे के मुख्य कार्यालय में भेंट की जाए।

अ. प्रिंस ने क्या कहा?

र. उन्होंने हमारे काम करने के तरीके में पूरी रुचि ली। उन्होंने टिफिन बॉक्स देखें व कोडिंग तंत्र के बारे में पूछताछ की।

अ. चूंकि वे लंदन के भूमिगत जटिल तंत्र से परिचित हैं इसलिए उन्हें यह समझने में देर नहीं लगी होगी कि छंटाई की प्रक्रिया व समय प्रबंधन कितना मुश्किल है।

श्री. आप ठीक कह रही हैं।

ग. प्रिंस की इस यात्रा ने हमारा मनोबल बढ़ाया व हमारे काम को शाही पहचान मिली। हम झट से पूरी दुनिया में

प्रसिद्ध हो गए। हम विट्ठल परमेश्वर से, इससे अधिक क्या मांग सकते हैं?

अ. ये लोग महाराष्ट्र के पंढ़रपुर के 'विट्ठल-रुक्मिणी' को मानते हैं, लेकिन रघु आप तो फोर्ब्स के लेख, गिनीज़ व रिप्ले के बाद मुंबई में पहले से ही लोकप्रिय हो चुके थे। आपको असाधारण सेवाओं के लिए जाना जाने लगा था, न?

र. जी हाँ, किन्तु प्रिंस चार्ल्स की यह यात्रा भी कोई छोटी बात नहीं थी। सरकार ने इससे पहले, कभी हमारी सुध नहीं ली थी सालों से, जनता हमें 'घाटी' कह कर सताती आ रही थी, जिसका अर्थ होता है 'असभ्य व्यक्ति'। जिन पत्रिकाओं में हमारे लेख छपे, वे कितने लोगों ने पढ़ें होंगे?

श्री. क्या इस घटना से व्यापार को भी प्रोत्साहन मिला?

र. जी हाँ! हम क्या करते हैं व कैसे करते हैं, इस बात को मान्यता मिलने से व्यापार में भी बढ़ावा मिला।

अ. आपके हिसाब से प्रिंस को किस बात ने सबसे ज्यादा, प्रभावित किया।

गं. 'एक सदी से भी अधिक समय से सही वक्त पर माल पहुँचाने की सेवा का रिकार्ड'

श्री. गंगा! आप अन्य किन-किन प्रसिद्ध व्यक्तियों से मिले?

गं. वर्जिन अटलांटिक एयरलांइस के 'सर रिचर्ड ब्रानसन' ने हमारे साथ यात्रा की। उन्होंने हमारी ही तरह 'कुर्त्ता-पजामा' पहना, पर उनका कुर्त्ता नीला था। हमें कहा गया था कि वे गांधी टोपी नहीं पहनेंगे पर उन्होंने इसे भी पहना।

अ. उन्होंने आपसे क्या पूछा?

र. उन्होंने समय प्रबंधन, लॉजिस्टिक (संभार तंत्र) व सिक्स सिग्मा परफॉरमेंस के बारे में सवाल किए। वे हमारे उत्तरों से प्रभावित भी हुए। चर्च गेट स्टेशन पहुँचने तक, हम नहीं जानते थे कि वे इतने लोकप्रिय थे। वहाँ तो उन्हें देखने वालों की भीड़ उमड़ी हुई थी।

अ. चलिए, कल हम लोग 'हिल्टन टावर्स' पर मिलेंगे।

सही समय पर डब्बा पहुँचाने के
आजीवन व वचनबद्ध समर्पण से,
शाही पहचान मिली और
कारोबार में भी तरक्की हुई।

ग्रहण करें

वर्तमान अभ्यास

खराब सेवाएँ, कंपनी के ब्रांड मूल्य को इतना घटा देती हैं कि यह अपनी प्रतियोगी धार खो देती है।

वर्तमान अवसर

अपनी सेवाओं के ढ़ांचे को, प्रभावी सेवा के नियम पर आधारित करें। यह सुनिश्चित करें कि 'कर्मचारियों' की काम के प्रति श्रद्धापूर्ण मानसिकता हो।

डब्बेवाले

अध्याय-10

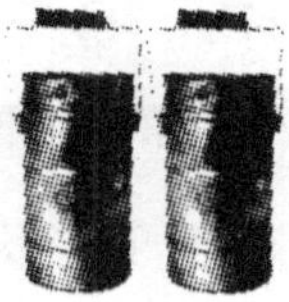

मुंबई के हिल्टन कैफे में शाम की मुलाकात, अपने-आप में एक शानदार अनुभव होता है। आसपास का माहौल, रोचक बातचीत के लिए मूड बना देता है।

अ. मैं प्रिंस व कैमिला के विवाह की दावत के निमंत्रण के बारे में जानने के लिए बेचैन हूँ।

र. यह हमारे जीवन की सबसे अविश्वसनीय और यादगार घटना है। जितेंद्र जैन ने फोन पर मुझसे पूछा कि हममें से कितने लोगों के पास पासपोर्ट था। मैंने जवाब दिया, "तीन, गंगा, सोपान व मेरे पास पासपोर्ट है" तब उन्होंने कहा कि हमें प्रिंस के विवाह के लिए बुलावा भेजा गया था। मैंने कैलेंडर की तरफ देखा। उस दिन 1 अप्रैल थी। मैंने कहा, श्रीमान आज पहली अप्रैल है, कहीं आप हमें मूर्ख तो नहीं बना रहे? उन्होंने कहा "नहीं" फिर मुझसे कहा कि मैं उनके पास निमंत्रण-पत्र देखने के लिए जाऊँ ।

अ. क्या आप वहाँ गए?

र. जी हाँ, जब मैंने निमंत्रण-पत्र देखा तो मुझे अपनी आंखों पर यकीन नहीं हुआ। हम बहुत प्रसन्न थे क्योंकि 100 अरब भारतीयों में से हमें निमंत्रण का गौरव मिला था। हम अपने कार्यालय लौट आए व बाद में उन्हें बता दिया कि मैं और सोपान इस विवाह में शामिल होंगे।

श्री. यह निमंत्रण तो निश्चित रूप से तुम्हारे वंश को पहचान देने वाली बात हुई न?

र. बिल्कुल ठीक! हम जानते थे कि हमें *'डब्बेवालों'* के प्रतिनिधियों के रूप में ही बुलाया गया था इसलिए हमने इसे, उसी रूप में स्वीकार किया। बस उस पल से ऐसी हड़बड़ाहट मची कि पूछिए मत-विवाह में जाने की तैयारियों की धूम मच गई! यूँ तो हम रोज़ ही भागने के आदी हैं लेकिन तब इस दौड़ में ब्रिटिश काउंसिल, ताजमहल होटल, एयर इंडिया के कार्यालय व दूसरे स्थानों की भागदौड़ भी शामिल हो गई।

अ. क्यों, ऐसी अफरातफरी क्यों?

र. हमें पहली अप्रैल को न्यौता मिला था और विवाह 8 अप्रैल को था, हमारे पास तैयारी के लिए सिर्फ 6 दिन थे। 8 अप्रैल को *अमावस्या* थी, हमारे *शास्त्रों* के हिसाब से इसे शुभ नहीं माना जाता। हमने *पूजा* करवाई ताकि विवाह कार्य बिना किसी रुकावट या बाधा के संपन्न हो जाए।

गं इसी दौरान खबर मिली कि प्रिंस स्वर्गीय पॉप पॉल को अपनी श्रद्धांजलि देने के लिए रोम जा रहे हैं। जिससे शादी की

तारीख बदलकर 9 अप्रैल हो गई थी। हमें तैयारी के लिए एक और दिन मिल गया था।

अ. रघु! आपने अपनी यात्रा के लिए धन कैसे जुटाया?

र. एयर-इंडिया ने हमें मुफ्त टिकटें दीं। ताज ने अपने लंदन स्थित होटल में हमारे ठहरने का प्रबंध किया। ब्रिटिश कौंसिल ने हमारी टिकटों का कर अदा किया। इससे ज्यादा, ईश्वर की क्या कृपा हो सकती थी।

गं. जब हमारी *घरवालियों* (पत्नियों) को पता चला कि बाहर वाले हमारे लिए कितना कुछ कर रहे हैं, तो वे भी पीछे नहीं रहीं। उन्हें यही लग रहा था कि पता नहीं हमें वहाँ कैसा भोजन मिलें। उन्होंने हमारे लिए *भाकरी* (*बाजरे* से बनी मराठी *रोटी*), मूंगफली की चटनी, *चिड़वा* व खाने की दूसरी वस्तुएँ बनाई ताकि हम परदेस में भूखे न रह जाएँ।

श्री. वाह बहुत खूब

र. इसके बाद हम खरीदारी करने निकले। हमने कैमिला *वहिनी* के लिए प्यारा सा *मंगलसूत्र* खरीदा। *मंगलसूत्र* काले मोतियों की माला होती है, जिस तरह भारतीय रिवाज़ के हिसाब से अंगूठी पहनाते हैं, हमारे यहाँ मंगलसूत्र पहनाया जाता है हमने ठेठ नौ गज की महाराष्ट्रीयन *पैठणी* सिल्क *साड़ी* भी ली।

अ. प्रिंस के लिए क्या लिया?

र. हमने पुणे के खास कारीगरों से, महाराष्ट्रीयन '*फेटा*' खरीदा। यह एक तरह की टोपी होती है, जिसे वर पहनता है। यह धारीदार कपड़े से बनती है, जिस पर कढ़ाई की

जाती है। हमने उनके लिए विशेष रूप से तैयार किया गया कार्ड भी लिया।

ग. रघु की पत्नी ने खासतौर से *तीलाचे लड्डू* (तिल के लड्डू) बनाए। हमारे यहाँ इसे किसी शुभ अवसर पर जरूर बनाते हैं।

र. यह हमारी दूसरी समुद्रपार यात्रा थी। इससे पहले हम इटली गए थे। ताज होटल में हमें एक आलीशान कमरा (सूट) दिया गया पर हमारे पास आराम के लिए समय कहाँ था? नीचे, प्रेस व मीडिया के साथ एक मुलाकात रखी गई थी। सभी यह जानने को उत्सुक थे कि प्रिंस को हमारे भीतर क्या खासियत दिखाई दी।

श्री. आपने क्या उत्तर दिया?

र. मैंने *महाभारत* से, कृष्ण के निर्धन मित्र सुदामा की कथा सुनाई। सुदामा अपनी पत्नी के आग्रह से, कृष्ण के पास गए थे, वह चाहती थी कि सुदामा अपने मित्र से सहायता माँगें। सुदामा मान गए व कृष्ण की नगरी द्वारिका जा पहुँचे। वे *द्वारिका* की सुंदरता व वैभव देख चकित रह गए। वे अपने साथ थोड़ा चिड़वा लाए थे, कृष्ण ने बड़ी खुशी से उसे स्वीकार किया। कृष्ण के स्नेह व अपनेपन के आगे सुदामा से कुछ कहते न बना। वे द्वारिका से खाली हाथ लौटते हुए यही सोचते रहे कि अपनी पत्नी से क्या कहेंगे।

अ. उन्होंने क्या बताया?

र. वे तो अपनी पत्नी, घर व गाँव तक को नहीं पहचान सके। कृष्ण ने अपने जादू से कायापलट कर दी थी। उनकी पत्नी ने

पहचान कर, उनका स्वागत किया। उसने उनकी प्रशंसा की कि वे अपने मित्र से कितने सुंदर उपहार लाए हैं। सुदामा ने उसे बताया कि उन्होंने तो कृष्ण से कुछ मांगा ही नहीं था। वे दोनों कृष्ण की इस उदारता पर भावविभोर हो उठे।

अ. इस कहानी के माध्यम से आप क्या कहना चाहते थे?

र. मैंने कहा कि हमें सुदामा की तरह प्रिंस से कुछ नहीं चाहिए हम अपना स्नेह, आभार व सम्मान प्रकट करने के लिए इस विवाह में शामिल होने आए हैं।

र. मराठी में, हम कहते हैं:

इतराकडून आपलोपणा हवा असेल तर

प्रथम मीपणा सोडला पाहिजे

त्यातच खरा जीवन जगण्याचा अर्थ अहे

श्री. इसका अर्थ:

दूसरों से अपनेपन की अपेक्षा हो तो पहले मैं को भूलना चाहिए, उसमे ही सत्य जीवन जीने की धारा है!

इसी में आपको जीवन के सच्चे मायने मिलेंगे

र. सवालों का तो अंत नहीं था लेकिन दुभाषिए ने मुलाकात समाप्त की व हमें बताया कि हमें अगले दिन विवाह समारोह में जाना पड़ेगा।

र. अगले दिन सुबह, पूरे आठ बजे प्रिंस ऑफ वेल्स चैरिटेबल फाउंडेशन के मिस्टर ओलिवर ब्रैंड हमें लेने आ गए। हमें बकिंघम पैलेस ले जाया गया जहाँ, एक लक्ज़री बस, हमें व

दूसरे सम्मानित अतिथियों को विंडसर कैसल ले जाने के लिए तैयार थी।

र. महल के गिरज़ाघर में अतिथि धीमें स्वरों में बातें कर रहे थे। भारतीय पोशाक में, एक मुस्कुराती हुई महिला ने अपना परिचय दिया कि वे जयपुर की *महारानी* पद्मिनी *देवी* हैं, उन्होंने वादा किया कि वे हमारे लिए दुभाषिए का काम करेंगी। हम समझ नहीं पा रहे थे कि उन्हें किन शब्दों में धन्यवाद दें।

अ. विवाहित युगल के आने के बाद समारोह आरंभ हुआ होगा।

र. जी हां, प्रत्येक व्यक्ति दी गई पुस्तक से प्रार्थना पढ़ने लगा इसके बाद दावत शुरु हुई।

अ. चार्ल्स व कैमिला सबसे हाथ मिलाने अवश्य आएँ होंगे।

र. उन्होंने हमें दूर से ही पहचान लिया और सीधा हमारे पास आए। मैंने वहीं शब्द कहे, जिन्हें मैंने पहले ही याद कर लिया था-'विवाहित जीवन की शुभकामनाएँ "उन्होंने झटपट, लेकिन गर्मजोशी से हमारी शुभकामनाओं व उपहारों के लिए धन्यवाद दिया। उन्होंने कहा कि हम दूसरे *डब्बेवालों* को भी उनकी ओर से आभार व्यक्त करें। पद्मिनी *देवी* ने हमारे लिए इन शब्दों का अनुवाद किया। मैं तो भावविह्वल हो उठा।

अ. प्रिंस निश्चित रूप से आपकी भावनाएँ समझ गए होंगे।

र. प्रिंस ने कैमिला वहिनी को भी हमसे मिलवाया, उन्होंने भी उपहारों के लिए धन्यवाद दिया। हम भी गर्दन हिला कर, मुस्करा दिए। यहाँ तक कि पद्मिनी *देवी* ने हमें महारानी से भी मिलवाया, हमने उनसे भी कुछ मिनट तक बातचीत की।

श्री. रघु! जीवन में ऐसे अवसर बार-बार नहीं आते

र. मुझे तो यह सब एक सपना लग रहा था। यह तब खत्म हुआ, जब कैमिला व प्रिंस लौट गए।

श्री. वाह, क्या अनुभव है! आपने इतने अच्छे तरीके से सब कुछ बताया, मुझे लग रहा है कि मैं भी इस दावत में आपके साथ था।

र. जुलाई 2005 में, मुंबई में हुई भीषण वर्षा के बाद, मुझे प्रिंस का जो पत्र मिला, उसी से पता चलता है कि उन्हें हमारी कितनी चिंता है। (पुस्तक के अंत में संलग्न)

श्री. इसके बाद हम कूपरेज *मैदान* में छोटी सी मुलाकात रखेंगे।

अ. मैंने आज के विचार-विमर्श से सार निकाला है:

प्रिंस के विवाह में, स्नेह से एक रहस्यमयी संबंध बना; इसकी प्रकृति स्थानीय थी, किंतु घटना वैश्विक थी।

ग्रहण करें

वर्तमान अभ्यास

अनेक संगठन, ग्राहकों के प्रति उदाहरणीय सेवा के बड़े-बड़े दावे प्रस्तुत करते हैं किंतु असली फीडबैक के हिसाब से यह दावे खोखले होते हैं।

वर्तमान अवसर

एक मूलभूत स्थायी स्थानीय सेवा को वैश्विक पहचान मिल सकती है। सेवा देने वालों व ग्राहकों का स्थायी नाता, वैश्विक संबंध में बदल सकता है। पूरी दुनिया के जो उद्यमी, पूंजीवादी व व्यावसायिक नेता, परिवर्तनशील नवीन विचारों की खोज में जुटे हैं, वे यहाँ से बहुत कुछ पा सकते हैं।

डब्बेवाले

अध्याय-11

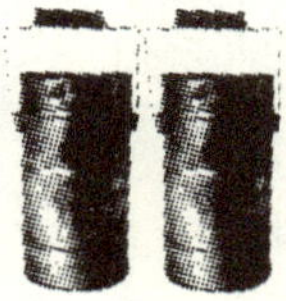

र. सारी चर्चाओं के बाद, हम एक बात स्पष्ट कर देना चाहते हैं। कृपया यह मान कर न चलें कि हम काफी समझदार हैं और हमें कुछ आता है। लोगों की नज़र में आने के बाद, हम ध्यान रखते हैं कि हमारे विश्वास व बातचीत के कारण हमारे व्यावसायिक हितों को कोई नुकसान न पहुँचे। आप कह सकते हैं कि हम ईश्वर में विश्वास रख कर चलते हैं क्योंकि हमारे पास सारी परेशानियों का हल नहीं है।

गं. हो सकता है, हमारा काम करने का तरीका, दूसरे व्यवसायों पर लागू न होता हो। हालांकि, हमे इस बात का भी एहसास है कि हमारी आचार-व्यवहार पद्धति सामान्यत: सबके द्वारा स्वीकार की गई है।

श्री. अगर सभी विद्वान्, शिक्षाविद्, व्यवसायी, विद्वान, छात्र, प्रेस व मीडिया, आपकी उपलब्धियों में रुचि ले रहे हैं, तब तो आपकी सफलता के पीछे कोई न कोई खास बात जरूर होगी।

र. हम इसे समझते हैं; तभी तो उन्हें पूरा सहयोग देते हैं। मैं तो इसी बात पर ज़ोर देना चाहता हूँ कि सफलता हम पर हावी नहीं हुई है।

श्री. हम आपके विचारों की कद्र करते हैं।

अ. अब तो आप जान ही गए होंगे कि हम आपको सफलता तक ले जाने वाली विचार प्रक्रिया का अध्ययन करने को उत्सुक हैं। हम भौतिक लालसा व संतुष्ट जीवन के बीच बने संबंध को समझना चाहेंगे।

र. मैडम! मुझे आपको यह बताने की आवश्यकता नहीं है कि हमारी लड़ाई दरअसल, परंपरा व आधुनिकता, पुरुष व मंत्र, आवश्यक उपभोग व प्रबल उपभोक्तावाद की लड़ाई है।

अ. हाँ! तभी तो मुझे आपकी कहानी इतनी रोचक लगती है।

र. मैं आपको एक मिसाल देता हूँ। हमने लंदन से कोई खरीदारी नहीं की क्योंकि हमें लगा कि सब कुछ तो अपने देश में मिलता है इसलिए फालतू खर्च करने से क्या फायदा? आवश्यक उपभोग व उपभोक्तावाद, हमारी सोच इसी से जुड़ी है। हमें वहाँ से यादगार अनुभव मिलें। इन अनुभवों को अपने परिवारों, मित्रों, *डब्बेवालों* व दूसरों के साथ बाँटना भी किसी बेशकीमती तोहफे से कम नहीं है।

गंगा मुस्कुराता है "हाँ, इस पर कोई ड्यटी भी नहीं लगती"

रघु मज़ाकिया अंदाज़ में एक पंक्ति और जोड़ता है "भगवान की दया से यह सब मुफ्त भी है"

अ. अगर सभी तुम्हारी जैसी जीवनशैली व व्यावसायिक दर्शन अपना लें तो विकास ही थम जाएगा, वस्तुओं व सेवाओं में वृद्धि ही नहीं हो पाएगी।

र. आप ठीक कहती हैं। तभी तो हम कहते हैं कि वैश्वीकरण के बावजूद हमारा मॉडल सबके लिए ठीक नहीं है।

गं. लोगों को उच्च आय वर्गों के रूप में प्रगति करनी चाहिए व जीवन के स्तर में सुधार लाना चाहिए वरना समाज की प्रगति थम जाएगी।

र. और बाजार की प्रतिक्रिया भी काफी बुरी होगी।

श्री. मुझे खुशी है कि आप ऐसा सोचते हैं एक फ्रेंच दार्शनिक ने कहा है-

"सभ्यताएं उन्हीं निश्चित विशेषताओं के
विकास की अति के कारण मर जाती हैं,
जिन्होंने कभी उसकी सफलता
में सहयोग दिया था।"

र. श्रीमान! अति करने वालों को सफलता बनाम महत्ता तथा होने व न होने की खाई, जैसे मुद्दों पर भी सोचना चाहिए।

अ. यह राष्ट्रों के साथ-साथ निजी तौर पर भी लागू होता है।

श्री. चूंकि वैश्वीकरण के प्रभाव से राष्ट्रीय सीमाओं का इतना प्रभाव नहीं रहा। हमें व्यक्तिगत स्तर पर अधिक गहराई से सोचना होगा। इस ग्लोबल विलेज (वैश्विक गाँव) में व्यक्तिगत रूप से ही शुरुआत होगी।

गं. हाँ, सेवा केंद्रित भावना से–

र. चाहे कोई उद्यमी हो, अरबपति हो या कोई आम आदमी हो, अगर सेवा ही सबका व्यवसाय बन जाए, तो सभी स्तरों पर कायाकल्प हो सकता है। हमारी राय में तो यही 21 वीं सदी की सोच की छाप होनी चाहिए, यही वैश्वीकरण के दोषों का प्रत्युत्तर भी है।

श्री. बिल्कुल ठीक!

अ. आप कोई भी व्यवसाय लें, उसका सेवा विभाग ढ़ीला-ढ़ाला व अप्रभावी होता है। वे सेमीनारों में सिखाते हैं कि ग्राहक ही भगवान है "लेकिन वे सब व्यावहारिक तौर पर इस उपदेश का पालन नहीं करते। हकीकत में कोई बदलाव नहीं आता। सेवाएँ अपर्याप्त व महंगी बनी रहती हैं, हालांकि कुछ अपवाद भी हैं

श्री. अगर निजी क्षेत्र का सेवा विभाग ही अपने स्तर से नीचा होगा तो हमें सरकारी सेवाओं व सार्वजनिक क्षेत्र के उपक्रमों की सेवाओं के खिलाफ चिल्लाने का कोई नैतिक हक नहीं है।

इसके बाद, मैंने व अनीता ने रघु व गंगा को हमारे साथ समय बिताने के लिए धन्यवाद दिया। कभी-कभी हम उनकी तरह अपनी भावनाओं को शब्दों में प्रकट नहीं कर पाए और मुझे लगा कि काश में भी उन दोनों की तरह अपनी भावनाएँ जता पाता! रघु व गंगा मुड़े व एक पल के लिए हमारे हाथ थाम कर बोले-"आप जता नहीं पाए, किंतु हम जानते हैं कि आप भी हमारी तरह ही महसूस करते हैं"

ये दोनों, दिल से ईश्वर को चाहने वाले, सादे व भावुक इंसान हैं। उनकी सराहना, प्रेम व पहचान पाने की जरूरत को समझा जा सकता है। हमें संतोष है कि हम इस मांग को भली-भांति पूरा कर पाए, तभी तो हम लोगों में ऐसी गहरी समझ व मेलजोल बन पाया।

सेवा विभाग को मानवीय बनाने में ही किसी व्यवसाय की सफलता का रहस्य छिपा है?

अनीता अपने लैपटॉप पर लिखती है:

प्रत्येक व्यवसाय की सफलता का रहस्य है कि अपनी सेवा के दायरे को मानवीय बनाए।

ग्रहण करें

वर्तमान अभ्यास

अगर आप किसी भी तरह की वास्तविक सेवा के मामलें में, ग्राहकों द्वारा की गई शिकायतों का अंबार देखेंगे, तो आपको एहसास होगा कि वे सेवाएँ कितनी गैर व्यक्तिगत व लापरवाही से भरी हैं।

वर्तमान अवसर

कुल भावी आर्थिक विकास में, सेवा क्षेत्र में जुड़े व्यवसाय 50% विकास की संभावना रखते हैं। इसे हकीकत में बदलने के लिए, हमें अपनी सोच में बदलाव लाकर, ऐसी सेवाएँ प्रदान करनी होंगी जो ग्राहकों की समस्याओं का समाधान करती हैं।

डब्बेवाले

अध्याय-12

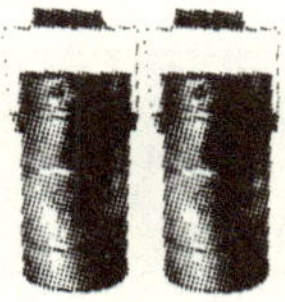

अनीता से मेरी आखिरी भेंट, जुहू के 'जे डब्ल्यू मैरियट' में हुई।

अ. अंकल! मैं गंगा व रघु के उच्च विचारों से काफी प्रभावित हुई हूँ। इससे पहले, किसी भी व्यावसायिक विचार-विमर्श ने मुझे इतना प्रेरित नहीं किया।

श्री. जानती हो, इससे पहले अगर कोई मुझे अंकल कहता था तो मुझे काफी अजीब लगता था, पर अब मैं इसका आदी हो गया हूँ।

अ. यह सब कैसे हुआ?

श्री. यह बदलाव कुछ साल पहले आया, उस दिन एक टैक्सी ड्राईवर ने मुझे 'अंकल' कह कर पुकारा। '*साब*' की जगह 'अंकल' ने ले ली थी, यह मुझे बहुत अच्छा लगा। उसने मेरे सफेद बाल देखकर ही मुझे अंकल कहा होगा। मेरे लिए, इसका अर्थ है कि युवा पीढ़ी अब भी सच्ची भारतीय परंपराओं की कद्र करती है।

अ. मैं 'फिडलर ऑन द रूफ' का गीत याद कर रही हूँ- परंपरा, परंपरा, परंपरा। यह मेरी दादी के घर की तरह है। मैं

अपने मूल्यों को नए सिरें से संजोने व आत्मा की शुद्धि के लिए वहाँ जाती हूँ। मेरी दादी माँ आज भी खाने, पहनने, सोने व नियमित प्रार्थना के लिए इन्हीं परंपराओं को निभाती है।

श्री. मुझे लगा तुम मेरी दादी माँ की बात कर रही हो। क्या तुम मुझे अपने सूत्र वाक्य दिखा सकती हो?

अ. अवश्य

डब्बेवालों के प्रेरक विचार

- घर में प्यार से पके भोजन से दिव्य संतुष्टि मिलती है।
- आप स्वयं में थोड़ा बदलाव ला कर सच्ची प्रसन्नता पा सकते हैं
- नए व्यक्तियों के आगमन व प्रतियोगिता के भय से ऊपर उठ कर आगे बढ़ें।
- ईश्वर में विश्वास रखते हुए यह मान कर चलें कि वहीं नए ग्राहक भी देगा।
- इस परिवर्तनशील युग में जो स्थायी है, उसी को तलाशें;
- इससे अनेक व्यावसायिक अवसर सामने आएँगे।
- शक्तिशाली बनने के लिए विकेंद्रीकरण करें व बेहतर तरीके से माल की सुपुर्दगी करें।
- यह ध्यान रहे कि ग्राहक के लिए बदलाव की कीमत अधिक न हो।
- पुराने की संभालें लेकिन बदलाव का भी आनंद लें।
- स्प्रींटरस@बॉटमऑफपिरामिडडॉटकॉम
- आप पुराने ग्राहकों को जितनी वफादारी से सेवाएँ देते रहेंगे, व्यवसाय उतना ही दीर्घकालीन होगा।
- सही समय पर डब्बा पहुँचाने के आजीवन वचनबद्ध समपर्ण से, शाही पहचान मिली और कारोबार में भी तरक्की हुई।
- प्रिंस के विवाह में, स्नेह से एक रहस्यमयी संबंध बना इसके प्रकृति स्थानीय थी किंतु घटना वैश्विक थी।
- प्रत्येक व्यवसाय की सफलता का रहस्य है कि अपनी सेवा के दायरे को मानवीय बनाएँ।

श्री. इन सभी सूत्र वाक्यों में एक ऐसा दर्शन छिपा है, जिसमें मूल्य हैं, जो तकनीकी ढांचे के दूसरे सिरे पर स्थिर व्यवसाय का निर्माण करते हैं।

अ. और यह सब कितना सरल भी है!

श्री. सरल इसलिए है क्योंकि यह नया भी है। मूल्यों को ज्ञान व विक्री योग्य उत्पाद में बदलना, उच्चस्तर का नवीनीकरण है। डब्बेवालों की यह विशिष्ट विचारधारा, लोगों की इच्छओं को अस्तित्वात्मक स्तर से जोड़ती है।

अ. मैं समझ गई। *डब्बेवालों* ने आधुनिक यातायात तंत्र की जटिलता से ग्राहकों को उत्कृष्ट सेवाएँ देने का तरीका अपनाया है। वे गांधी दर्शन के अनुसार, कृत्रिमता की बजाए सादगी को अपनाते हैं।

अ. एक *डब्बेवाले* के सफेद पजामें, कमीज व गांधी टोपी को देखकर उस संघर्ष के लिए सहानुभूमि पैदा होती है, जो वे महानगरी मुंबई में रहने के लिए करते हैं।

श्री. मूल्य व अपनी कमजोरियों व सीमाओं के लिए सजगता ही, किसी संगठनात्मक ढ़ांचे का तत्त्व होते हैं। केंद्रीय मूल्य है "टीमवर्क= नेटवर्क= को-ऑपरेशन"। व्यक्तिगत गति में सुधार से हुनर निखारा जाता है। यह नवीनीकरण-ग्राहकों को ध्यान में रखते हुए ही होता है।

अ. उनके पास एक परिभाषित अस्तित्व तथा संगठन में पुराने मूल्यों की स्थापना का हुनर है। उनके व्यवहार से ही इसका पता चलता है व संसार को मूल्यों की शिक्षा मिलती है।

श्री. यहाँ ध्यान देने योग्य रोचक तथ्य यह है कि यह सब कुछ किसी सी.ई.ओ के बिना होता है। हमारे अनेक ऋषि-मुनियों व महात्माओं ने मानवता की सेवा के लिए; *वेदों* के अर्थ, संदेश व आत्मा तक पहुँचने के मार्गों की व्याख्या की है।

अ. मैं समझ गई कि आप क्या कहना चाहते हैं। विज्ञान व तकनीकी क्षेत्र में, नवीनीकरण के लिए मानवता का अच्छा रिकॉर्ड रहा, किंतु सेवा या सुविधा के क्षेत्र में ऐसा नहीं हुआ। आज हमें जीवन के सभी पहलुओं के लिए उचित लागत पर प्रभावी व प्रमाणिक सेवाएँ चाहिएँ। हमें इसकी पश्चिम से भी अधिक आवश्यकता है क्योंकि हमारे देश में निर्धन व मध्यमवर्गीय लोग ज्यादा रहते हैं *डब्बेवाले* अपने पुराने व्यवसाय को नए तरीके से चलाने में सफल रहे हैं। उन्होंने अपने मूल्यों को बनाए रखने के साथ-साथ बदलाव को भी खुशी से अपनाया है। मूल्यों पर आधारित आयामों ने ही उनकी कार्यक्षमता को निखारा है।

श्री. संभव को देख पाने की कला ही दूरदर्शिता है। ज्ञानेश्वर, तुकाराम व अन्य मराठी संतों के उपदेशों में सांस्कृतिक जड़ें काफी गहरी हैं। ग्रंथ कहते हैं: *चरैवेति, चरैवेति* (चलते रहो, चलते रहो) धरती से संपर्क जितना घटेगा, स्वर्ग से उतना ही बढ़ जाएगा। जब *डब्बेवाले* रोज़ की सात घंटे की यात्रा पर निकलते हैं। उनका यह संपर्क 'काम ही पूजा' के वचन पर खरा उतरता है, जिससे उनका समय प्रबंधन भी झलकता है।

अ. यह *महाभारत, रामायण* जैसे पारंपरिक ग्रंथों व स्थानीय लोकगाथाओं से भी लिया गया है। उनके काम करने के तरीके

से ही यह उपदेश जुड़े हैं वे बड़ी श्रद्धा से पारंपरिक बुद्धिमता की *पालकी* ढ़ोते हैं। तभी तो वे संतुष्टि व नैतिकता का इतना ऊँचा स्तर कायम रखने में सफल हो सके हैं।

श्री. वे किसी भी बात पर संदेह किए बिना आगे बढ़ते हैं। इसी में उनकी ताकत छिपी है। सच ही कहा है "कड़े परिश्रम, आध्यात्मिक विश्वास व सेवा के सशक्त मूल्य आपकों दूर तक ले जाएँगे"

अ. जी हाँ! *'सी यू एट द टॉप'* में *'ज़िग-ज़िगलर'* ने कहा है: *"यदि आप दूसरों को मनचाहा दिलाने में उनकी मदद करेंगे तो आपको भी जीवन में सब कुछ मिलेगा।"*

'बिल्ट टू लास्ट' में जिम कौलिंस ने कहा:

'लंबे समय तक टिकने वाले संगठन के लिए मूल्य बहुत मायने रखते हैं।'

श्री. अनीता! भारत के किन संगठनों पर यह लागू होता है।

अ. टाटा हाउस! हाल ही में नारायण मूर्ति ने कहा "लागत घटाना, उत्पादकता सुधारना व लोगों को राहत पहुँचाना ही टैक्नॉलॉजी है" गरीबों से अधिक, किसे जरूरत है?

श्री. विश्व प्रबंधन गुरु स्वर्गीय पीटर ड्रकर ने अपने प्रबंध दर्शन का खुलासा करते हुए कहा था:

"लोग किसी भी संगठन की मूल्यवान संपत्ति है। प्रबंधन इनके मूल्यों, वृद्धि, विकास, सामाजिक ढ़ांचे, सामुदायिकता और यहाँ तक कि आध्यात्मिक मूल्यों का भी ध्यान रखता है।" रघु व गंगा जो कुछ भी कह या कर रहे हैं, विशेषज्ञों ने भी उसे

अपने तरीके से किया। सामाजिक रूप से सजग व्यावसायिक गृहों में मूल्य ही आधार स्तंभ होते हैं ऐसे संगठन बनाने वाले व्यवसायी, कार्यरूप में भी मूल्यों के प्रति निष्ठावान रहते हैं।

अ. कोई व्यवसायी अपने ग्राहक के लिए तय की गई कीमत के बारे में क्या नज़रिया रखता है, इसी से एक आम व्यवसायी व सामाजिक तौर पर सचेत व्यवसायी का फर्क पता चल जाता है। वास्तव में, *डब्बेवाले* उच्च तकनीक से उत्पादकता बढ़ा कर तथा कम से कम कीमत पर ग्राहक संतुष्टि प्रदान करके सामाजिक आवश्यकता पूरी कर रहे हैं। यह सभी वर्गों से अलग, एक असाधारण सेवा है।

श्री. आर्थिक, सामाजिक, जातिय, धर्म अथवा लिंग का कोई भेदभाव नहीं।

अ. 5000 *डब्बेवालों* में केवल चार ही महिलाएँ हैं।

श्री. यदि ज्यादा भी हों तो उन्हें कोई आपत्ति नहीं हैं परंतु महिलाएँ स्वयं ही आगे नहीं आती क्योंकि काम काफी मुश्किल है और कड़ी मेहनत मांगता है। वे चार भी इसलिए काम कर रही हैं क्योंकि वे ऐसा कर सकती हैं।

अ. चार्ल्स हैंडी ने हाल ही में कहा:

"सफलता का मतलब है कि आप अपने साथ सहज हों। इस दुनिया के सबसे सुखी व्यक्ति वहीं हैं, जो स्वयं से संतुष्ट हैं।"

श्री. काम व जीवन के बारे में *डब्बेवालों* का पूरा दर्शन संतुष्टि पर आधारित है। जरा इन शब्दों पर गौर करें:

मैनेज-मेन-ट एंड कॉनटैन्ट-मेन-ट अगर ट को टाइम व टैकनॉलाजी मान लें तो मेन ही बचता है, जिसे सारा प्रबंध करना है।

अ. अगर काम का सोच से अच्छा मेल हो, तो काम का प्रवाह भी बेहतर होता है। अगर हम स्वयं को पवित्र विचारों से ओत-प्रोत रखें तो हम भी संतुष्ट रह सकते है।

श्री. रघु व गंगा भी तो मराठी में यही कह रहे थे, समाधान का अर्थ है 'संतोष'। मेरे पिता प्राय: गीता का यह श्लोक पढ़ते थे।

सुख दुःख समे कृत्व।

लाभ लाभो जया जयो।।

श्री. इसका अर्थ है-लाभ या हानि, जय या पराजय, जो भी हो, संतुलित नजरिया रखते हुए समत्व बनाए रखें।

अ. ***समवृचीया स्वीकार करा*** अर्थात समवृती को स्वीकार करो। अंकल! मराठी में ठीक ऐसे ही कहते हैं न?

श्री. हाँ! *डब्बेवाले* कृषि पृष्ठभूमि से हैं। हम कहते हैं कि हमारे पास पांच क्रांतियां हैं-कृषि, उद्योग, तकनीक, सूचना व जानकारी। छठी क्रांति नहीं; यह एक प्रकटन है, 'बुद्धिमता का'।

अ. हम इसे अर्द्ध-शिक्षित और कृषि पृष्ठभूमि से संबंधित लोगों से सीख रहे हैं। ज्ञान का चक्र पूरा होने को आ रहा है!

श्री. इसी के साथ-साथ हमें अपने ज्ञान के आधार का अनादर नहीं करना चाहिए। हम उनकी वैचारिक प्रक्रिया के ढांचे व नमूनों के विकल्पों को समझने के योग्य हैं, हम शीघ्रता से उन तत्त्वों को सीख कर काम में ला सकते हैं। क्या तुम्हें

लगता है कि तुम्हें व्यवसाय का वो मॉडल मिल गया जो, तुम खोज़ रही थीं?

अ. जी हां, शायद उससे भी कुछ अधिक।

श्री. उनका दर्शन निश्चित तौर पर निरपेक्ष, उत्पादक व मानवीय है। यह ग्राहकों के लिए फायदेमंद व संयमित भी है। वे महानगरी मुंबई के वातावरण में भी अपनी सांस्कृतिक प्रकृति को बनाए हुए हैं। उनके चुनाव शिष्ट व स्वस्थ हैं क्योंकि उन्होंने अपने परिवार व समुदाय व पर्यावरण को हिंसक रूप से अस्त-व्यस्त नहीं किया।

डब्बेवालों ने महाराष्ट्र में, 1930 में भीमशंकर में, सन् 1950 में आलंदी में, सन् 1984 में जेजुरी में तथा सन् 2000 में पढ़रपुर में धर्मशालाएं बनवा कर अपने सामाजिक उत्तरदायित्व भी निभाए हैं। वहां सामाजिक तथा धार्मिक समारोहों के लिए उचित भुगतान के साथ सुविधाएं दी जाती हैं। वे ऐसे भले कामों के लिए चंदा एकत्र करते रहते हैं तथा पूरी वचनबद्धता से इन कामों में हिस्सा लेते हैं।

अ. इस व्यवसाय के बुनियादी ढ़ांचे की नकल की जा सकती है लेकिन बुनियादी नियमों का पालन जरूरी है। सभी संगठनों में मूल्यों पर ध्यान दिया जाना चाहिए ताकि उचित निर्णय लिए जा सकें।

श्री. अनीता मुझे तुम्हारी यही बात काफी पसंद आई, तुम अति विश्लेषण से बातों को ज्यादा उलझाती नहीं हो। तुम खुले मन से सब कुछ स्वीकार करती हो।

अ. जी हाँ। दरअसल जरूरत से ज्यादा विश्लेषण से हालात और भी जटिल हो जाते हैं। जिससे आपसी समझ विकसित ही नहीं हो पाती।

श्री. वो कैसे?

अ. 'न्यूनोक्ति'। मेरे पिता प्रायः कहते थे "अगर आप किसी मामले का महत्त्व कम करके बताते हैं तो *समझ पैदा* होने की संभावना बेहतर हो जाती है।

श्री. बिल्कुल ठीक कहा। मुझे तुम्हारा नज़रिया पसंद आया। पूर्वी सभ्यताओं में यह काफी कारगर हो सकता है।

अ. मैंने सीखा कि बदलाव का सबसे बड़ा निषेध मेरे भीतर ही है। आपने मुझे जो समय दिया, उसके लिए आपका धन्यवाद! मैं उसे हमेशा याद रखूँगी।

श्री. मैं भी याद रखूँगा। आओ समारोह मनाएँ।

हमने रघु व गंगा की बातचीत को याद करते हुए, भोजन का आनंद लिया। विदा लेते समय, हम दोनों एक साथ फुसफुसाए:

"मैं इस कहानी को दूसरों के साथ बाँटने के लिए उत्सुक हूँ"

ग्रहण करें

वर्तमान अभ्यास

सभी सेवा संगठन स्वार्थी मूल्यों पर टिके हैं, जहाँ ग्राहकों की सेवा आखिरी प्राथमिकता है।

वर्तमान अवसर

सेवा की मानसिकता को पोषित करने वाले मूल्यों के ढ़ांचे पर सेवा व्यवसाय को केंद्रित कर सकते हैं। इससे स्थायी वृद्धि प्राप्त होगी। यह न तो स्वार्थी है और न ही मुफ्त। यह सामूहिक टीम भावना व व्यक्तिगत इच्छा पर आधारित भव्य स्वनियोजन प्रदान करता है।

डब्बेवाले

परिशिष्ट

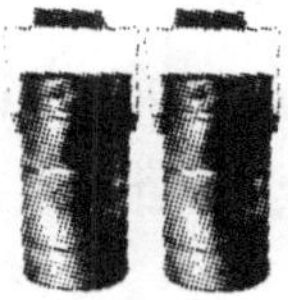

संत ज्ञानेश्वर (1275-1296) – ज्ञानेश्वर या ज्ञानेश्वर कहलाने वाले विद्रोही संत कवि का जन्म 13वीं सदी में, भारत में महाराष्ट्र के अहमदनगर जिले में हुआ। वे एक योगी थे, जिनका जन्म सामाजिक रूप से एक उच्च जाति में हुआ। वे हिंदुत्व की भक्ति परंपरा के *भागवत धर्म* के पहले उल्लेखनीय प्रचारकों में थे। ज्ञानेश्वर ने गीता की व्याख्या के लिए *भावार्थदीपिका* या *ज्ञानेश्वरी* की रचना की। संत ज्ञानेश्वर ने अहमदनगर जिले के निवासा कस्बे में 'ज्ञानेश्वरी' रखी। उन्होंने 21 वर्ष की आयु में, सांसारिक जीवन से मुक्ति लेते हुए योगी पथ पर चलकर, *संजीवन समाधि* ले ली। उनके उपदेशों ने सभी मराठी जातियों व समुदायों को गहराई से प्रभावित किया।

संत तुकाराम (1598-1649)-उनका जन्म महाराष्ट्र में पुणे से 18 मील दूर एक गाँव देहू में हुआ। तुकाराम महाराष्ट्र के लोकप्रिय संत है। उनहोंने अपना अधिकांश समय, ज्ञानेश्वर,

नामदेव, एकनाथ, व अन्य संतों की रचनाओं के अध्ययन व मनन में बिताया।

उनके *अभंगों* (भक्तिपूर्ण दोहों) से उनके भीतरी संघर्ष का परिचय मिलता है। उनसे *भक्ति* के माध्यम से ईश्वर तक पहुँचने की अवस्थाओं का भी पता चलता है। ईश्वर से आत्मा के *विरह* से; भक्त को हार्दिक कष्ट होता है। इसे हिंदू रहस्यवादियों ने 'विरह' तथा ईसाई रहस्यवादियों ने 'आत्मा की अंधियारी रात' कह कर संबोधित किया है। तुकाराम ने भी अपने *अभंगों* में इसी अवस्था का वर्णन किया है।

तुकाराम के अनुसार, *साधक* को सांसारिक सुखों को त्याग कर ईश्वर में ध्यान रमाना चाहिए। ईश्वर की महिमा के गुणगान व मंत्र जाप ईश्वर तक पहुँचने का निश्चित मार्ग है।

कार्यकारिणी समिति

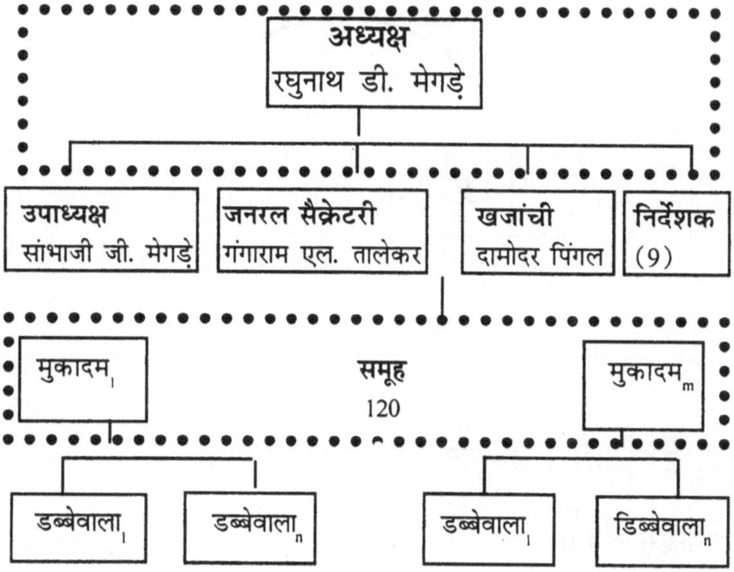

स्रोत -आर. मेगड़े

संकेत:

m – एक वर्ग में मुकदमों की संख्या

n – एक वर्ग में डब्बेवालों की संख्या

आकृति अ. 1 नूतन मुंबई टिफिन बाक्स सप्लायर्स चैरिटी ट्रस्ट का संगठनात्मक ढ़ांचा

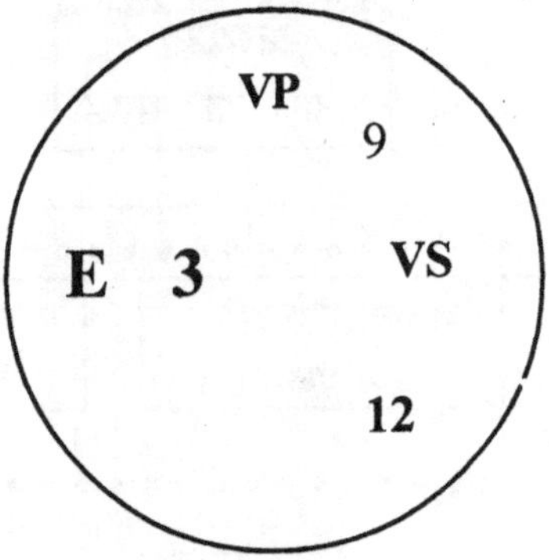

स्रोत -आर. मेगड़े

आकृति अ. 2 डब्बेवालों के डिलीवरी कोड

कोडिंग संकेत:

VP आवासीय पते का कोड

9 VS 12 *डब्बेवालों* के लिए पहुँचाने के स्थान का कोड जिसमें:

9 *डब्बेवालों* के लिए स्टेशन का कोड

VS इमारत का कोड

12 भू-तल का कोड

E *डब्बेवालों* के लिए आवासीय रेलवे स्टेशन का कोड

3 मुख्य रेलवे स्टेशन का कोड

यह कोड विभिन्न समूहों के रंगों के हिसाब से डब्बे पर पेंट होते हैं।

डब्बेवालों की प्रतिदिन कार्य समय सारणी

8.25 a.m. - ग्राहक रसोईघर में डब्बे से भोजन डाल कर, डब्बों को घर के बाहर रख देता है।

8.30 a.m. - *डब्बेवाला* आता है, डब्बा ले कर चला जाता है। अगर डब्बा दिखाई न दे तो वह दरवाजा खटखटा कर पूछता है। आमतौर पर ग्राहक के परिवार के किसी भी सदस्य से उसका मेलजोल नहीं होता।

8.38 a.m. - सभी ग्राहकों के घरों से लिए गए डब्बे, साइकिल या ठेले पर लादे जाते हैं।

9.20 a.m. - *डब्बेवाला* ठेले या साइकिल पर लदे *डब्बों* को लेकर उपनगरीय रेलवे स्टेशन पहुँचता है।

9.30 a.m. - डब्बे पहुँचाने के स्थान के हिसाब से *डब्बों* की छंटाई होती है। जिन्हें 24 या 48 डब्बे रखने वाली गाड़ी पर रखा जाता है। यह भी अपनी मंज़िल के हिसाब से तैयार होती है।

9.41 a.m. - उपनगरीय रेलगाड़ी आती है। 5-6 संख्या वाले डब्बे, खास कंपार्टमेंट में रखे जाते हैं जो चालक के केबिन के पास ही होता है।

10.21 a.m. - रेलगाड़ी किसी खास केंद्र पर पहुँचती है। कॉर्टेज खाली किए जाते हैं व दूसरे संग्रह केंद्रों से आए *डब्बों* से भरे जाते हैं। डब्बों की स्थानों के हिसाब से दोबारा छंटाई होती है।

11.05 a.m. - कॉर्टेज अंतिम स्थान वाले टर्मिनल तक ले जाने के लिए दोबारा उपनगरीय गाड़ी में चढ़ाए जाते हैं।

11.45 a.m. - उपनगरीय गाड़ी टर्मिनल स्टेशन पर पहुँचती है। कार्टेज उतार कर डब्बों की फिर से छंटाई होती है। इसके बाद उन्हें तयशुदा स्थानों की ओर भेजा जाता है।

12.10 p.m. - स्थान के हिसाब से *डब्बों* को साइकिल या ठेले पर लाद कर ग्राहकों के पास भेज दिया जाता है।

12.30 p.m. - ग्राहक के ऑफिस के दरवाजे पर *डब्बा* पहुँच जाता है।

दोपहर को डिलीवरी की यही प्रक्रिया उल्टी दोहराई जाती है। 1:15 p.m. से 2:00 p.m. के बीच खाली *डब्बे* ग्राहकों से इकट्ठे किए जाते हैं। इसके बाद उन्हें शाम को (5:30 p.m. के करीब) ग्राहक के घर पहुँचा दिया जाता है।

स्रोत-आर. मेगड़े

आकृति अ. 3 एक डब्बेवाले की विशेष दैनिक यात्रा का नमूना

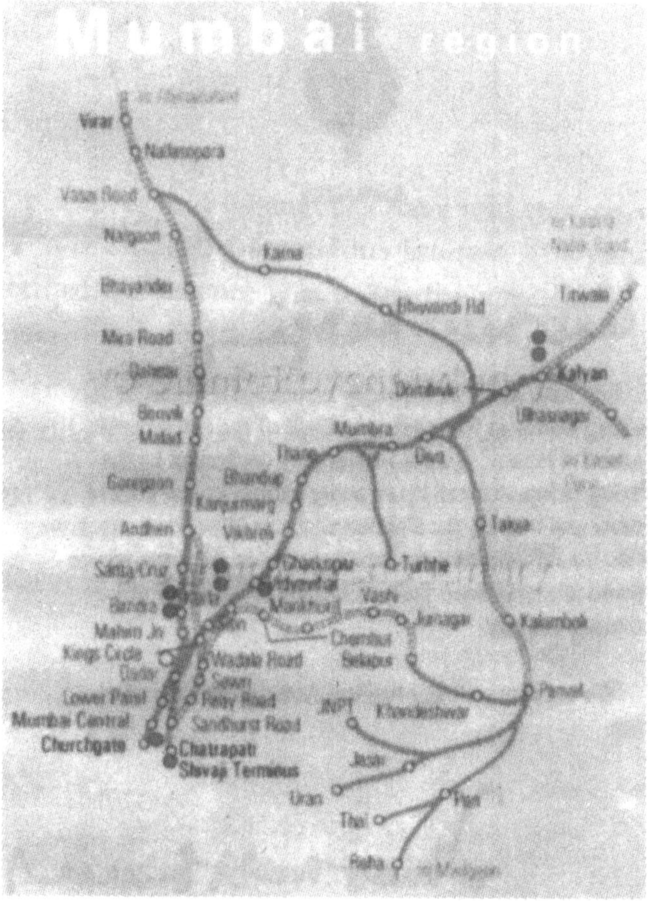

आकृति अ. 4 मुंबई का रेलवे नक्शा

प्रिंस चार्ल्स की ओर से प्राप्त पत्र

BIRKHALL

8th August, 2005

Dear Mr. Medge,

My wife and I were deeply concerned to learn of the appalling floods in Mumbai as a result of the catastrophic Monsoon weather. We are particularly distressed by the suffering being endured by so many people in and around Mumbai and wanted the Dabbawallahs to know how much we feel for you all and that our hearts go out to all those whose lives and property have been so cruelly affected by this continuing tragedy.

We send you all our fondest thoughts and heartfelt wishes.

Yours most sincerely

and sympathetically

आकृति अ-5 नूतन मुंबई टिफिन बॉक्स सप्लायर्स एसोसिएशन के अध्यक्ष श्री रघुनाथ मेगड़े के नाम प्रिंस चार्ल्स का पत्र

डब्बेवाले

उपसंहार

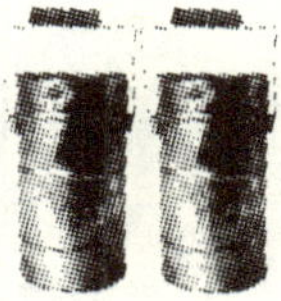

मैंने कभी भी और कहीं भी यह कहानी सुनाई, तो लोगों के मन में असाधारण रुचि जागृत हुई। प्रत्येक श्रोता यही जानना चाहता था कि इस मॉडल को सामान्य व कंपनी की स्थितियों में कहाँ तक लागू किया जा सकता है। आमतौर पर जो राय मिली, उसे मैं यहाँ देना चाहूँगा–

''यह होम पैकेट अपने आप में काफी उदार व आश्वासन से भरपूर है''।

मुझे पूरा भरोसा है कि आपको भी यह पुस्तक इतनी ही पसंद आएगी। कृपया मुझे अपनी राय भेजें। यह मेरे लिए अमूल्य होगी, मैं *श्रीनपंडित@हॉटमैलडॉटकॉम* (shrinpandit@hotmail.com) पर इसका इंतज़ार करूँगा।

ग्रहण करें

वर्तमान अभ्यास

संदर्भों के वर्तमान ढांचे से, समस्याओं का समाधान पाने का संघर्ष जारी रहता है। ये दिन-ब-दिन कम प्रासंगिक होते जा रहे हैं। ये समस्या का थोड़ा सा समाधान देते हैं क्योंकि इनकी पहुँच भी अपूर्ण है, जबकि व्यवसाय के सभी विभाग अंत:निर्भर हो गए हैं।

वर्तमान अवसर

इस पुस्तक में दिए गए अवसरों के सूचक, इसी नियम को दर्शाते हैं कि संपूर्ण बड़ा है अंशों से। इन पर विचार करके आप व्यवसाय से ऊपर मूल्यों व धारणाओं को देख पाएँगें, जिनमें नए व्यवसाय मॉडलों को आकार देने की संभावना छिपी है।

लेखक परिचय

श्रीनिवास पंडित एक अनुभवी एच.आर. प्रोफेशनल तथा लीडरशिप काउंसिलर हैं। उनके मुवक्किलों में, डिआन ग्राहा, इलैक्ट्रिका, इंडोनेशिया, बॉयकोन ग्रुप, बैंगलोर, नाबार्ड तथा पीतांबरी, मुंबई शामिल है।

इससे पूर्व, श्रीमान पंडित सिमेन्स लि. के ऐग्ज़ीक्यूटिव उपाध्यक्ष थे। उससे पूर्व वे ब्ल्यू स्टार, हरडीलिया कैमिकल्स व जॉनसन एंड जॉनसन के मानव संसाधन विभाग प्रमुख भी रहें।

श्री पंडित अर्थशास्त्र तथा कानून के स्नातक हैं तथा उन्होंने लंदन के स्कूल ऑफ इकॉनौमिक्स से पर्सनल मैनेजमेंट एण्ड इंडस्ट्रियल रिलेशन्स में स्नातकोत्तर डिप्लोमा प्राप्त किया है। उन्हें यू.के. के चार्टड इन्सटीट्यूट ऑफ पर्सोनल एण्ड डेवलपमेंट के फैलो होने का भी गौरव प्राप्त है।

वे इससे पहले तीन प्रसिद्ध पुस्तकें *थौट लीडरस, डिजाइन योर कैरियर* व *एगज़ैमप्लरी सीओज़* लिख चुके हैं। उन्होंने कैरियर निर्देशन, संगठन संस्कृतियों के अंतः परस्पर संबंधों, नेतृत्व, समस्या समाधान, व मानसिकता में बदलाव जैसे विषयों पर अनेक लेख भी लिखें हैं। उन्होंने अनेक वर्कशाप व सेमीनार आयोजित किए हैं तथा सार्वजनिक कांफ्रेसों को संबोधित किया है। आप उनसे *श्रीन्पंडित@हॉटमैलडॉटकॉम* पर संपर्क कर सकते हैं।

व्यक्तित्व विकास पर अनुभवी लेखकों की श्रेष्ठ रचनाएं

महिलाएं बुलंदी की ओर (कैरियर की ऊंचाइयों तक कैसे पहुँचें) सीमा गोस्वामी

अगर महिलाएं ऊंचाइयों तक पहुंचना चाहती हैं, तो एक कामयाब महिला के तौर पर जिंदगी काफी मुश्किल हो जाती है। वह कैसी दिखती हैं, इससे भी उसके ग्रेड पर असर पड़ता है। 'महिलाएं बुलंदी की ओर' महिलाओं के सभी सवालों का जवाब देते हुए, हर मुद्दे का हल खोज निकालने व पाठकों को हंसाने में भी मदद करेगी।

मूल्य: 95.00

धीरुभाईज्म (ए.जी.कृष्णामूर्ति)

धीरुभाईज्म की व्यवसाय यात्रा एक छोटे से गांव से शुरु हुई और भारत में सबसे पहली निजी स्वामित्व वाली 500 फार्चून कंपनियों के संस्थापक पद तक आ पहुंची और अभी भी यह थमी नहीं है, उनकी इस सफलता के पीछे उनकी चतुर व्यावसायिक बुद्धि, उनका उद्यम कौशल उनका कार्य दर्शन पहचाना जा सकता है, प्रस्तुत पुस्तक धीरुभाईज्म धीरुभाई की गौरव गाथा का वृतांत नहीं है, बल्कि यह उनकी उस चिंतन प्रक्रिया को सामने लाती है, इसे एक महत्त्वपूर्ण और अनोखी पुस्तक के रूप में पढ़ा जा सकता है।

मूल्य: 95.00

मैनेजमेन्ट गुरु प्रोफेसर लालू की रेल (सुनील जोगी)

यह पुस्तक मैनेजमेन्ट गुरु प्रोफेसर लालू प्रसाद यादव द्वारा रेल विभाग की उन्नति के पैमाने को उनकी नजर से दर्शाती है। पहले रेलवे में सहजता से आरक्षण प्राप्त करना दु:स्वप्न जैसा हुआ करता था। कम्प्यूटर ने रेलवे की कार्य प्रणाली और यात्रियों की परेशानियों में अत्यंत उपयोगी सुधार किए हैं। रेलवे का इतिहास लिए यह पुस्तक पाठकों को अवश्य पसंद आएगी।

मूल्य: 95.00

सफलता के सूत्र (कपिल कक्कड़)

भगवद्गीता का दर्शन तथा उपदेश ही इस पुस्तक की आधारभूमि है। यह पुस्तक जीवन में तनाव, उत्तेजना तथा हीनभावना को मिटाने के उद्देश्य से लिखी गई है। इसकी व्यावहारिकता में कोई संदेह नहीं है। यह पुस्तक कर्म की महत्ता, मस्तिष्क व विश्वास के बीच संबंध, ज्ञान व इसके उद्देश्य तथा अनासक्ति से प्राप्त सफलता को पूरी तरह परिभाषित करती है। मूल्य: 75.00

अगर ठान लीजिए (डॉ. हरिकृष्ण देवसरे)

मनुष्य वैसा ही बनता है जैसे उसके विचार होते हैं। विचार ही हमारा ध्येय, हमारा लक्ष्य निश्चित करते हैं। 'अगर ठान लीजिए' पुस्तक आपको सफलता-ध्येय की प्राप्ति में नहीं वरन् उसे पाने के निरंतर प्रयास में निहित कर्म के प्रति सजग अवश्य बनाएगी।

मूल्य: 150.00

डायमंड पॉकेट बुक्स प्रा. लि.

X-30, ओखला इंडस्ट्रियल एरिया, फेज-II, नई दिल्ली-20 फोन : 011- 41611861, फैक्स : 011-41611866

E-mail : Sales@diamondpublication.com, Website : www.dpb.in

www.ingramcontent.com/pod-product-compliance
Lightning Source LLC
LaVergne TN
LVHW100404181026
850499LV00037B/593